中国·祁阳
CHINA QIYANG

祁阳古建筑

政协祁阳县委员会　组编

湖南大学出版社

内容简介

本书是记录有关文明古县祁阳古建筑的著作。祁阳古建筑数量多,品种全,工艺精,造型美。本书主要章节包括:遗(旧)址、古院落、名人故居、古宗寺、古街道、古塔楼、古凉亭、古宗教建筑、古道路、古桥梁和古水井等。这些古建筑体现了祁阳当时的生产力发展水平,反映了历代祁阳劳动人民的勤劳与智慧,是今天人们学习祁阳历史,认识祁阳历史,欣赏祁阳历史,感悟祁阳历史的一本立体史书。

图书在版编目(CIP)数据

祁阳古建筑/政协祁阳县委员会组编.— 长沙:湖南大学出版社,2020.1

ISBN 978-7-5667-1699-6

Ⅰ.①祁… Ⅱ.①政… Ⅲ.①古建筑—介绍—祁阳县 Ⅳ.①K928.71

中国版本图书馆CIP数据核字(2018)第281374号

祁阳古建筑
QIYANG GUJIANZHU

编　　者:政协祁阳县委员会　组编

责任编辑:张　毅　蔡京声　杨　锴

封面设计:康　愉

出版发行:湖南大学出版社

社　　址:湖南·长沙·岳麓山　邮编:410082

电　　话:0731-88822559(发行部)　88649149(编辑室)　88821006(出版部)

传　　真:0731-88649312(发行部)　88822264(总编室)

电子邮箱:presszhangy@hnu.edu.cn

网　　址:http://www.hnupress.com

印　　装:湖南天闻新华印务有限公司

开　　本:889mm×1194mm　16开　印张:33　字数:520千

版　　次:2020年1月第1版　印次:2020年1月第1次印刷

书　　号:ISBN 978-7-5667-1699-6

定　　价:168.00元

《祁阳古建筑》编纂机构人员

编纂委员会

顾　　问	周新辉	陈小平	邓晓阳		
主　　任	郑增啟				
副 主 任	郑　弋	陈振文	于建春	文英雄	黄爱蓉
	桂　湘	张松柏			
委　　员	王双春	李爱华	陈麒旭	陈　萍	谢东良
	谭振华				

编写人员

主　　编	文英雄				
常务副主编	张松柏				
副 主 编	王双春	陈朝晖	赵道生	郑小平	
编　　辑	李　君	匡庆华	周东波	陈立斐	唐　蓉
	赵安原	张桂华	欧　盛	张　旭	李荣文
	桂刚喜	雷发顺	黄洪波	陈爱阳	唐石山
	李　新	易　剑	于　浩	曾拥军	王　孟
	唐文斌	庄小敬	王胜利	杨　扬	李　承
	莫　逆	张　昆	龙拥军	彭　婷	谢　军
	周轶玲	肖　勇	张卫东	陆勇军	李小玲
	柏建勇	伍颖松	邹富华	曾美荣	郭颂国
	张荣华	邓腾飞	雷沁怡	汪小军	伍卫红
	伍　军	邓艳凤	周梦林	桂玉荣	黄长春
	张　斌	高定军	王卫红	傅重晶	邓春林
	易湘萍	邓建明	奉秋成	奉元明	刘永福
	苏翠华	文玉莲			
摄　　影	赵道生				
初　　审	张　平				
终　　审	郑增啟				

祁阳
古建筑
QIYANG
GUJIANZHU

PREFACE 序 / 郑增啟

　　祁阳是千年古邑，历史悠久，人杰地灵，先民给后人留下了无数的宝贵财富。其中，古建筑就是祁阳文明之集大成者，是传承祁阳文化精髓之史书。

　　祁阳古建筑源远流长，据现存建筑物遗址计算，距今有两千多年历史，且数量多、品种全、工艺精、造型美。纵观祁阳各地和各时期的古建筑，如同翻阅一本厚重的历史大书，令人赏目益智，心神向往！

　　据考证，祁阳先民营造地面建筑始于新石器时代末期，世代传承下来的地面建筑，有城墙、街道、园林、院落、故居、寺观、祠庙、书院、凉亭、楼塔、桥梁、渡口、码头、古井等。林林总总的古建筑，遍布三吾大地，无不蕴含深厚的历史文化，体现祁阳人民伟大的智慧和高超的技艺。先民打造了闻名中外的浯溪碑林，留下了气势磅礴的文昌宝塔、庄严雄伟的文庙、规模宏大的中国历史文化名村龙溪村李家大院、古朴典雅的潇湘楼、香火兴旺的甘泉寺等一大批具有湘南风格的古代建筑和民俗建筑文化，焕发了耀眼的光芒。

　　因年代的久远、大自然的侵蚀和历史变革的冲击，祁阳古建筑许多已经湮没消失，特别是古镇古村古院落、名人故居能够保存下来的已经不多，目前遗留下来的多为明清及民国时期的，且大部分经过多次维修或重建。这些古建筑是研究建筑学、地质学、力学、美学以及民俗、宗教、历史文化的实物教材，是历史留给祁阳人民的宝贵财富，不仅具有历史佐证和艺术观赏借鉴价值，还是难得的旅游资源。古建筑是文物古迹，只能保护抢救，不能复制再生。古建筑是历史的绝唱，保护古建筑就是保存历史，保存城市乡村的文脉。只有保护好古建筑，才能留住民族的"乡愁"。

　　当前，全县上下正在加快推进新型城镇化，大力实施乡村振兴战略，如何保护古建筑任重道远。县政协编写《祁阳古建筑》一书，旨在以一种独特的方式把已经为数不多的古建筑记录下来，让今天和以后的人们认识历史，见证文化，从而得到启迪和教育。同时，我们也想尽绵薄之力，为保护古文化遗产向全社会呼吁，为县委、县政府决策提供科学依据，从而达到以史资政的目的。

　　是为序。

2019 年 12 月

祁阳
古建筑
QIYANG
GUIJIANZHU

CONTENTS 目 录

概 述 / 001

第一章
遗（旧）址

第一节　古县城遗址　/ 005

1. 金兰桥祁阳古县城遗址　/ 005

2. 老山湾祁阳古县城遗址　/ 006

3. 古城墙遗址　/ 007

第二节　县城古建筑遗（旧）址　/ 008

1. 文庙遗址　/ 008

2. 浯溪元颜祠遗址　/ 009

3. 浯溪书院遗址　/ 010

4. 浯溪公园中宫寺遗址　/ 010

5. 文昌书院遗址　/ 011

6. 玉皇阁遗址　/ 012

7. 祁阳八景旧址　/ 012

8. 学宫八景旧址　/ 016

9. 中山台旧址　/ 018

10. 白竹湖旧址　/ 019

第三节　红色革命遗（旧）址　/ 020

1. 祁阳特别支部旧址　/ 020

2. 祁阳县农民协会旧址　　／020

3. 七里桥镇文家冲农民协会旧址　　／021

4. 土地革命时期中共祁阳县党员代表会议旧址　　／022

5. 祁阳县委通讯处旧址　　／022

6. 阳明山苏维埃政权旧址　　／023

7. 白果市红军长征饮水井旧址　　／024

第四节　抗日战争旧址　／025

1. 土轻伤兵医院旧址　　／025

2. 挂榜山祁（阳）东（安）抗日自卫队总指挥部旧址　　／026

3. 黄泥塘镇搭洲村截击战旧址　　／026

4. 下马渡镇山川村西南游干班总部旧址　　／027

5. 潘市镇柏家村第六伤兵休养院旧址　　／028

6. 文明铺镇日本侵略者炮楼旧址　　／029

第五节　古窑遗址　／030

1. 观音滩镇西汉古窑遗址　　／030

2. 黄泥塘镇庆塘村古窑遗址　　／031

3. 白水镇老窑村古窑遗址　　／032

第六节　其他遗（旧）址　／033

1. 下马渡镇大马坪人类活动遗址　　／033

2. 下马渡镇蒋家山古墓群遗址　　／034

3. 文明铺镇当铺旧址　　／035

4. 文明铺镇江西会馆旧址　　／035

**第二章
古院落**

第一节　列入中国传统村落名录的院落　／037

1. 潘市镇龙溪村李家大院　　／037

2. 观音滩镇八尺村传统村落　　／041

3. 大忠桥镇蔗塘村李家大院　　／045

4. 大忠桥镇双凤村郭家大院　　／048

5. 肖家镇九泥村邓家大院　　／053

6. 进宝塘镇新朝村陈朝冲大院　　／056

7. 进宝塘镇枫梓塘村王家大院　　/ 060

8. 羊角塘镇泉口村张家大院　　/ 064

9. 潘市镇董家埠村汪家大院　　/ 067

10. 潘市镇八角岭村传统村落　　/ 071

11. 潘市镇侧树坪村杨家大院　　/ 077

12. 潘市镇柏家村柏家大院　　/ 080

13. 七里桥镇云腾村宋正冲院落　　/ 086

14. 下马渡镇元家庙村刘家大院　　/ 090

第二节　列入湖南省历史文化名村的院落　　/ 095

1. 八宝镇泥塘村三益大院　　/ 095

2. 白水镇竹山村王家大院　　/ 100

3. 羊角塘镇二居委会张家大院　　/ 102

4. 潘市镇石峡洲村李家大院　　/ 104

5. 潘市镇龙江村传统院落　　/ 107

6. 潘市镇古形村传统院落　　/ 111

7. 七里桥镇宝旺村田家大院　　/ 114

第三节　列入祁阳县重点保护的院落　　/ 117

1. 观音滩镇夏乐村九房院　　/ 117

2. 观音滩镇团胜村鹅公冲邓家大院　　/ 119

3. 观音滩镇沿沽村新屋院　　/ 122

4. 观音滩镇三合村吴家院子　　/ 125

5. 三口塘镇上椿村何家岭大院　　/ 126

6. 大忠桥镇镰头湾村洲上院子　　/ 127

7. 大忠桥镇五里山村曹家大院　　/ 129

8. 肖家镇共和村王家大院　　/ 131

9. 肖家镇泉山村曹家大院　　/ 133

10. 肖家镇牛岭村李家大院　　/ 135

11. 八宝镇火田坳村敦厚大院　　/ 137

12. 白水镇青峰村白玉堂庭院　　/ 139

13. 白水镇湖广村唐家大院　　/ 140

14. 白水镇新华村杨家大院　　/ 143

15. 白水镇狮子村瓦屋郑家院　　/ 145

16. 白水镇幸福村王家大院　／147

17. 白水镇丰江村王甲堂　／149

18. 黄泥塘镇龙口冲村新屋院　／152

19. 黄泥塘镇新义村赵志嶓四合院　／154

20. 黄泥塘镇九洲村李家大院　／156

21. 羊角塘镇白塘村瑶壁湾院落　／158

22. 大村甸镇幸福村唐家院　／160

23. 文明铺镇松林湾村十八家院落　／164

24. 文明铺镇云冲村张家大院　／166

25. 龚家坪镇大坪铺村何家老屋院　／169

26. 龚家坪镇舜塘村刘家院　／171

27. 凤凰乡花筵村李家大院　／174

28. 石鼓源乡大岭下村双源堂新屋院　／177

第三章
名人故居

1. 邓球故居　／179

2. 卢奇故居　／180

3. 陈大受故居　／181

4. 欧阳利见故居　／182

5. 黄岱故居　／185

6. 雷晋乾故居　／186

7. 蒋毓华故居　／187

8. 廖龄奇故居　／188

9. 严明故居　／189

10. 谭丕模故居　／191

11. 刘兴故居　／192

12. 陶铸故居　／192

13. 周玉成故居　／195

14. 蒋伏生故居　／196

15. 刘金轩故居　／197

第四章
古宗祠

1. 县城周氏祠堂　／199

2. 大忠桥镇五里山村曹氏宗祠　／200

3. 大忠桥镇沙井村邓氏宗祠　／202

4. 大忠桥镇广福村唐氏家庙　/ 204

5. 大忠桥镇冲头村邓氏景德公祠　/ 206

6. 肖家镇九牛坝村周氏宗祠　/ 207

7. 肖家镇九泥村邓氏宗祠　/ 209

8. 肖家镇下白田村杨氏宗祠　/ 212

9. 八宝镇火田坳村李氏宗祠　/ 214

10. 白水镇新华村杨氏宗祠　/ 216

11. 羊角塘镇泉口村果华宗祠　/ 218

12. 羊角塘镇大兴村邓氏宗祠　/ 220

13. 梅溪镇广歧村陈广公宗祠　/ 222

14. 潘市镇侧树坪村杨氏宗祠　/ 224

15. 潘市镇柏家村柏氏宗祠　/ 226

16. 潘市镇八角岭村邓氏宗祠　/ 228

17. 七里桥镇栗曾村文隆公宗祠　/ 229

18. 七里桥镇排楼湾村邓氏宗祠　/ 231

19. 下马渡镇梓梁村刘氏宗祠　/ 233

20. 下马渡镇梓梁村梁氏宗祠　/ 235

21. 下马渡镇营盘町村李氏宗祠　/ 237

22. 黎家坪镇马斯坪村团山湾祠堂　/ 239

23. 文明铺镇三官塘村唐宪公祠　/ 241

24. 龚家坪镇云排岭社区李氏宗祠　/ 243

25. 凤凰乡长吉村邓氏宗祠　/ 244

**第五章
古街道**

第一节　县城古街道　/ 247

1. 宝塔街　/ 247

2. 东长街　/ 249

3. 东正街　/ 250

4. 黄道街　/ 251

5. 西横街　/ 252

6. 西外街　/ 253

7. 新桥街　/ 254

8. 杨家桥街　/ 255

9. 下河街　/ 256

10. 人字街　/ 257

11. 昭陵街　/ 258

12. 新街　/ 259

13. 县前街　/ 260

14. 中仓街　/ 260

15. 南司街　/ 262

16. 南长街　/ 263

17. 幸福街　/ 264

第二节　乡镇古街道　/ 265

1. 观音滩镇码头街　/ 265

2. 茅竹镇滴水老街　/ 266

3. 大忠桥镇老街　/ 268

4. 八宝镇黄家渡老街　/ 269

5. 白水镇沿江路老街　/ 269

6. 七里桥镇龙口源老街　/ 270

7. 下马渡镇扬名山老街　/ 271

8. 文明铺镇老街　/ 273

第六章
古楼古塔

第一节　古楼　/ 275

1. 潇湘楼　/ 276

2. 祁阳二中重华楼　/ 277

3. 潘市镇多喜塘村八角楼　/ 278

第二节　古塔　/ 280

1. 祁阳县城文昌塔　/ 280

2. 观音滩镇三胜塔　/ 281

3. 文明铺镇文昌塔　/ 283

4. 凤凰乡白果市惜字塔　/ 283

第七章
古凉亭

第一节　纪念亭　/ 285

1. 祁阳革命烈士纪念碑亭　/ 285

2. 浯溪公园三绝堂　/ 287

3. 浯溪公园虚怀亭　/ 288

4. 浯溪公园厝亭 　/ 289

5. 浯溪公园宬尊亭 　/ 290

6. 浯溪公园宝篆亭 　/ 291

7. 三口塘镇上椿村延寿亭 　/ 292

8. 羊角塘镇君子陡社区崇德亭 　/ 293

9. 梅溪镇双龙村培寿亭 　/ 294

第二节　茶水亭 　/ 295

1. 龙山街道百花社区望祁亭 　/ 295

2. 浯溪街道孙市村阅江亭 　/ 296

3. 浯溪街道孙市村合善亭 　/ 297

4. 观音滩镇花山村益寿亭 　/ 297

5. 观音滩镇夏乐村落叶亭 　/ 298

6. 大忠桥镇蔗塘村四通亭 　/ 299

7. 大忠桥镇和睦山村普兴亭 　/ 300

8. 肖家镇慈源新村三通亭 　/ 301

9. 白水镇丰江村继善亭 　/ 301

10. 白水镇烟塘村金兰亭 　/ 303

11. 进宝塘镇河埠塘社区安澜亭 　/ 303

12. 进宝塘镇西冲村怀立亭 　/ 304

13. 黄泥塘镇胜利村树梓亭 　/ 305

14. 黄泥塘镇桐木村百子亭 　/ 306

15. 梅溪镇广歧村龙凤亭 　/ 307

16. 潘市镇塘弦湾村望云亭 　/ 307

17. 七里桥镇云腾村福荫亭 　/ 309

18. 七里桥镇挂榜山村立善亭 　/ 309

19. 下马渡镇枫石铺村断岐亭 　/ 310

20. 黎家坪镇甘棠坪村保福亭 　/ 311

21. 黎家坪镇甘棠坪村可居亭 　/ 312

22. 大村甸镇新铺子村万福亭 　/ 313

23. 文明铺镇高码头村永乐亭 　/ 314

24. 文明铺镇大福桥村超然亭 　/ 315

25. 文明铺镇泥井湾村石头坪亭 　/ 316

26. 龚家坪镇复兴村复兴亭 　/ 317

第八章
宗教建筑

1. 龙山街道九塘冲社区甘泉寺　／319
2. 龙山街道九塘冲社区天主教堂　／321
3. 龙山街道东江社区观音堂　／322
4. 龙山街道陶家岭村关帝殿　／323
5. 龙山街道宝塔街社区玉皇行宫　／324
6. 长虹街道白沙社区雷坛观　／324
7. 浯溪街道小江村水口庙　／326
8. 浯溪街道沿江村龙王殿　／327
9. 观音滩镇白竹村财神殿　／328
10. 观音滩镇二居委会观音阁　／329
11. 观音滩镇云峰村金紫观　／330
12. 茅竹镇泉塘村玉屏寺　／331
13. 大忠桥镇烟塘村烟塘寺　／332
14. 肖家镇慈源新村通仙观　／333
15. 八宝镇四木村青莲寺　／334
16. 白水镇四居委会白云寺　／335
17. 白水镇珠陵村珠陵观　／336
18. 羊角塘镇堆上村玉泉寺　／337
19. 潘市镇八角岭村白泥寺　／338
20. 潘市镇八角岭村杨泗庙　／338
21. 七里桥镇挂榜山村云仙观　／339
22. 七里桥镇枣树园村勇南宫　／340
23. 七里桥镇龙口源村大王庙　／342
24. 七里桥镇文家冲村何公殿　／343
25. 七里桥镇龙门新村三门寺　／344
26. 下马渡镇紫山冲村云隐庵　／345
27. 下马渡镇梅子坪村天竺庵　／346
28. 下马渡镇东溪源村西莲庵　／348
29. 下马渡镇青峰村王爷殿　／349
30. 黎家坪镇枫树岭村龙泉寺　／350
31. 凤凰乡花筵村武圣殿　／351
32. 金洞镇白沙源村观音寺　／352

第九章　　◯　　**第一节　陆路** / 353
古道路

1. 古驿道 / 353

2. 古大道 / 357

3. 古公路（衡桂公路）/ 369

4. 古铁路（湘桂铁路）/ 370

第二节　古渡口（码头） / 373

1. 湘江古渡口（码头）/ 373

2. 其他水域渡口 / 389

第十章　　◯　　**第一节　县城诸桥** / 397
古桥梁

1. 步蟾桥 / 397

2. 潇湘桥 / 398

3. 渡香桥 / 399

第二节　祁水诸桥 / 401

1. 文明铺镇大福桥 / 401

2. 文明铺镇鱼子桥 / 402

3. 文富市镇万寿桥 / 403

4. 文富市镇永乐桥 / 404

5. 黎家坪镇公路沙滩桥 / 405

6. 黎家坪镇铁路沙滩桥 / 406

7. 下马渡镇云苏桥 / 407

8. 下马渡镇枫林铺桥 / 408

9. 下马渡镇驷马桥 / 409

10. 龙山街道东江桥 / 410

第三节　清江诸桥 / 412

1. 羊角塘镇泉口村福寿桥 / 412

2. 羊角塘镇江湾村一桥 / 413

3. 羊角塘镇江湾村二桥 / 414

4. 羊角塘镇小陂桥村小陂桥 / 415

5. 羊角塘镇清溪坪村桃子桥 / 416

第四节　白水诸桥　/418

1. 大忠桥镇大忠社区大忠桥　/418
2. 大忠桥镇梅湾村永兴桥　/419
3. 肖家镇肖家村老桥　/420

第五节　县内其他水系桥梁　/421

1. 观音滩镇和平村七拱桥　/421
2. 黄泥塘镇九洲村马诗滩桥　/422
3. 梅溪镇双龙村大桥　/423
4. 七里桥镇龙门新村复兴桥　/423
5. 七里桥镇长寿亭村七里桥　/424
6. 七里桥镇金竹山村百佳桥　/425
7. 下马渡镇大桥湾村望熊桥　/426
8. 黎家坪镇十里坪村泥南桥　/427

第十一章
古水井

1. 龙山街道甘泉井　/429
2. 龙山街道寿井　/430
3. 龙山街道东江古井　/431
4. 浯溪街道长流社区长流铺井　/432
5. 观音滩镇云峰村三眼井　/433
6. 肖家镇泉山村八妙温泉　/434
7. 黄泥塘镇龙口冲村龙口老井　/435
8. 黄泥塘镇板栗坪村半边山仙泉　/436
9. 羊角塘镇君子陡社区崇德井　/436
10. 羊角塘镇城南陡村潮水井　/437
11. 潘市镇八角岭村白泥井　/438
12. 潘市镇柏家村古井　/439
13. 大村甸镇黄岗铺村豆腐井　/440
14. 大村甸镇烟竹桥村烟竹井　/441
15. 文明铺镇街上古井　/442
16. 其他古井选录　/443

附录
中华人民共和国成立后祁阳建筑集锦

1. 住宅　　/ 449

2. 县城街道　　/ 475

3. 公路铁路　　/ 492

4. 桥梁　　/ 498

5. 县城典型建筑　　/ 502

后记　　/ 507

概述

○ 历史与传承

古建筑是立体的史书，承载着传统文化的精髓。

祁阳乃文明古县，古建筑历史悠久。据祁阳文物资料记载，距今约一万年前，祁阳境内已有人类居住，远古祖先从穴居自然山洞、巢居大树枝丫。新石器时代末期，始用石头、土坯、竹木等材料，营造地面建筑。夏商时期，祁阳先民聚族而居，已掌握竹木结构房屋建造技术。秦汉时期，土筑、砖砌建筑物相继出现。据1981年在进宝塘镇满冠村等56处汉墓中采集的青灰色墓砖和水井、粮仓、房屋、床、猪圈、猪食盆、罐等器物考证，汉代时，祁阳的青砖、陶器等建材生产工艺和房屋建筑技术已臻成熟。

县内最早的地面建筑遗址，有文字可考的是三口塘镇黄公岭村北的"黄公岭古城"遗址，建筑年代为东汉，距今近两千年。古城墙上曾有三国蜀将张飞题的"永固"二字石刻。

祁阳史志资料显示，祁阳古建筑数量多、品种全、工艺精、造型美。世代传承下来的地面古建筑，有城墙、街道、园林、院落、故居、寺观、祠庙、凉亭、楼塔、书院、桥梁、渡口、码头、古井等，多为明清及民国时期遗物，且大部分经过多次维修或重建。尽管目前保存下来的仅仅是一小部分，但是，一滴水也可以反映太阳的光辉，这些为数不多的古建筑，体现了当时的生产力发展水平，反映了历代劳动人民的勤劳与智慧。

○ 现状与特征

祁阳从三国东吴末帝孙皓元兴元年（264）置县，至今1700多年。祁阳古代城镇建设焕发过耀眼的光芒，历史上建设了规模宏大的县城、星罗棋布的集镇和闻名中外的浯溪碑林，留下了气势磅礴的宝塔、庄严雄伟的文庙、古朴典雅的潇湘楼等一大批具有湘南风格的古代建筑和民俗建筑文化，促进了祁阳城镇建设的传承和发展。

祁阳县治初设金兰桥（今属祁东县）。唐武德四年（621）迁老山湾（今茅竹镇）。明景泰三年（1452）迁至檀山湾（即今县城）。县署驻长乐门内（即今县前街）。初建县治时，有大街2条，小街4条。清顺治十三年（1656），有大街16条，小街5条。民国十九年（1930）全城街道统一以方位命名，扩展为三十三街、九巷、六园、三陡、一冲。城区宋、元、明、清时和民国初期属方廓乡，后属三吾镇，中华人民共和国成立后属城关镇。1995年撤区并乡建镇，改为浯溪镇。2011年3月，浯溪镇划分为龙山、长虹、浯溪三个街道。中华人民共和国成立后，祁阳县委、县政府等领导机关曾多次搬迁。1977年以前驻周氏宗祠，1977年以后驻龙山，2006年搬迁至县城西区新址。

祁阳县元、明、清初行政区划为16乡；民国二十八年（1939）为33个乡镇；民国三十六年（1947）为19个乡镇，主要集镇有归阳、白水、文明铺、洪桥、大忠桥、观音滩、潘家埠、黎家坪8个集镇。永州府流传两句俗话："圩比圩，楚江圩；铺比铺，文明铺。"祁阳对古代三个繁华重镇的赞誉是："金归阳，银白水，文明铺是小南京。"

院落故居特点鲜明。祁阳古院落和名人故居主要有六个方面的特点：一是交通方便；二是气候宜人；三是物产丰富；四是相对集中；五是特色突出；六是申请保护发展积极有为。古院落结构紧凑，布局相当合理，反映了我国明清时期农耕社会政治、经济、文化的基本状貌，是解读中国文化的活化石，具有鲜明的时代特征和湘南地方特色，蕴含着浓郁的民族文化。祁阳县自2014年组织申报中国传统村落和历史文化名村、美丽宜居村落以来，已有潘市镇龙溪、大忠桥镇蔗塘、肖家镇九泥、进宝塘陈朝、下马渡镇元家庙等14个村落被国家住建部正式列入中国传统村落名录。潘市镇龙溪村被评为中国历史文化名村，全国重点文物保护单位。观音滩镇八尺村被农业部授予美丽宜居村庄。此外，还有八宝镇泥塘村、羊角塘镇二居委会等7个村落被批准为湖南省历史文化名村。

宗祠寺庙重见兴旺。祁阳境内宗祠、寺庙、教堂等祭祀、宗教场所甚多，是祁阳古建筑的重大亮点。据史料记载，祁阳境内历史上曾有重要宗祠10处，民间姓氏宗祠难计其数。民国初期建筑在泮池南岸的周氏宗祠，以中西合璧的形式建筑，最为宏伟，堪称祁阳宗祠之冠。而潘市镇侧树坪村杨氏宗祠、梅溪镇广歧村陈广公祠、大忠桥镇五里山曹氏宗祠、大忠桥镇沙井村邓氏宗祠、肖家镇九牛村周氏宗祠、下马渡镇营盘甸李氏宗祠等，均具有湘南建筑风格。

祁阳山峦众多，名刹古寺，遍布其间。据史志载：祁阳境内历史上共有重要寺庙 30 处、观 53 处、庵 95 处，大部分在中华人民共和国成立以后被拆毁，现存较大寺庙 40 余处，大部分系十一届三中全会后改建或重修的。这次拍摄宗教建筑 32 处，其中历史悠久、名声较大、保存较好的有：甘泉寺、天主教堂、观音堂、雷坛观、白泥庵、何公殿、云隐庵、龙泉寺等，每天游人、信徒众多，香火旺盛。

楼塔牌坊逐渐减少。楼塔、牌坊是古建筑的重要部分，据史料记载，明清时期，祁阳古代楼塔、牌坊有数百座。祁阳古代名楼现存的有潇湘楼、重华楼、多喜塘八角楼。现存的古塔有文昌塔、文明铺文昌塔、观音滩三胜塔、白果市惜字塔等。

祁阳境内中华人民共和国成立前有凉亭近千座。以文明铺镇为例，周围 5 千米~8 千米的八条石板人行路上，就有凉亭 36 座。凉亭大致可分三种：路亭、纪念亭、风景亭，以路亭居多。路亭是古道的附属公益设施，为行人纳凉歇肩（休息）、避雪遮雨之处，亭内多设茶水，免费供应，也有在亭内开设伙铺的。据史志载：祁阳境内古凉亭有接官亭、福荫亭、培寿亭、清风亭、风月亭、四通亭、怀乡亭等。在中华人民共和国成立后的交通建设中，古道逐渐被公路替代，凉亭绝大部分被弃毁，现存数不多。

古道桥渡被逐步取代。祁阳古道纵横，交织成网，可分为三类。一是驿道，又名"官道"，为历代封建王朝出于政治、军事、商务、文化需要而修筑。唐代，长安经襄（襄阳）、荆（江陵）过长沙、衡阳直达交州（河内）的驿道径穿祁阳。清代，京都（北京）经蒲圻过长沙、衡阳直达广西、交趾（越南）的驿道通过祁阳境内。清末祁阳有驿道 4 条：以县城为中心，东北路和西南路为干线驿道，共长 69 千米；西北路和东南路为支线驿道，共长 105 千米。二是大道，由历代乐善好施的绅士、庶人等倡捐，众人乐从，为经商、旅行集资修筑而成。清末及民国初期，以县城为枢纽，大道共有 13 条，其中，东方大道 3 条，北方大道 3 条，西北大道 4 条，西方大道 1 条，南方大道 3 条，总长 416 千米。三是小道，俗称小路，由历代民众为方便生产、生活，自发捐资献力修筑而成。古道设施合理配置，主要有驿站、凉亭、里堠、路碑等。每隔 2 里建有路亭，内置凳椅、茶水，供行人休憩。20 世纪 30 年代以后，祁阳四通八达的古道，逐渐为国道、省道、县道、乡（镇）村公路和湘桂铁路所取代。

祁阳古桥星罗棋布，衔接古道。明、清及民国初期，境内共有古桥

2073 座。古桥多为民间乡贤倡首，群众捐资献力修成。境内古桥按结构和建材划分，有木桥、石桥、石拱桥、铁索浮桥及木便桥等，以石拱桥居多。按水系分，有祁水诸桥、清江诸桥、白水诸桥和其他水域诸桥。

明、清及民国时期，境内通航河流近 300 千米，有渡口 127 处，散布于湘江、祁水、清江、白水及小支流的古道通过之处。按资金来源分为两类：一是官渡，驿马门官渡是祁阳唯一的官渡，主要供官吏、军旅、公差等人员过往。位于今县城幸福路南端湘江畔，现称杨家桥渡。二是义渡，均为民间绅士、庶人等独资或集资修建。位于湘江、祁水、清江、白水四水系的主要渡口有长乐门渡、黄道门渡、浯溪渡、观音滩渡、白水渡、下埠头渡、河洲渡等。

○ 保护与发展

习近平总书记 2013 年在中央城镇化工作会议讲话中强调，要让百姓"望得见山，看得见水，记得住乡愁"。记得住乡愁就是要留住乡愁，留住乡愁也就是留住财富。祁阳的"乡愁"，最大的载体就是祁阳古建筑。当我们走进浯溪园林、文昌塔、潇湘楼、文庙、宗祠、重华楼、乡村传统村落、历史文化名村、名人故居，我们不能不为祁阳曾经的辉煌、祁阳人的生产生活智慧、文化艺术结晶与创造而感到骄傲自豪，发出由衷的赞叹。

因自然的侵蚀淘洗和历史变革的冲击更新，祁阳古建筑许多已经湮没消失，特别是古村古镇古院落、名人故居能够保存下来的已经不多。如何保护古建筑已成为摆在我们面前的一个非常重要的现实问题。在古建筑保护与发展的思想认识上，还存在不少误区，有些地区在发展经济的口号下，过度开发古村镇古民居导致"开发性破坏"，一些很有名气的古建筑正在我们这一代人的眼皮底下消逝。

随着党和国家生态文明建设政策广泛宣传，经济、社会效益日益彰显，越来越多的有识之士已经认识到：古建筑的历史环境保护、文化资源的活用、地方特色的维护等是现代化建设中不可或缺的内容，保护古城、古镇、古院落等古建筑，实际上是保护历史的延续性，延续人类文明发展的脉络，这也是人类现代文明发展的需要。对于我们加强文化积累、培养爱国主义情操和大力推进新型城镇化，实施乡村振兴战略，都具有非常重要的意义。

古城、古镇、古院落等古建筑的保护和开发、利用、发展，要立足保护，规划有序，审慎更新，适度开发，措施得当，既要保护好古城、古镇、古院落等古建筑，又要使古建筑的历史价值、艺术价值、科学价值、文化价值得到新的升华，让今天的人们学习历史，认识历史，欣赏历史，感悟历史，从历史中得到教育和启迪。

第一章
遗（旧）址

　　祁阳素为文明古邑，地灵人杰。县城"城堵峨峨，规模伟若，街巷有制，室家有讫"（明何惟贤《祁阳县修城记》）。既独据浯溪之瑰宝，又拥有高居湘滨之名塔，还有明末祁阳王朱梴泞之王府。祁阳八景、学宫八景名誉潇湘。祁阳既是湘南革命老区，又是抗日战争时期的大后方。三吾大地留下了许多具有历史文化价值的古遗（旧）址。

第一节　古县城遗址

1. 金兰桥祁阳古县城遗址

　　三国时期，东吴末帝孙皓元兴元年（264）分泉陵县置祁阳、永昌二县。祁阳县设县治于金兰桥（今祁东县金桥镇新桥村以常登第为中心的一地段）。因县治地处岐山（古名祁山，"岐""祁"同音）之南，故名祁阳。城区面积约 5 万平方米，此处背依山冈，前临平野，田畴万亩，南侧有白河流过，北为丘陵。其南有古驿道，北通宝庆，西达永州，东抵衡阳，南驱归阳，陆路通畅。此处作为县城历时 350 多年。1985 年 10 月，考古专家在新屋甸进行实地考察后，发现这里有铺子甸、城墙口、辖神庙、墙脚塘等遗址。

祁东县金桥镇古县城遗址（尹才元提供）

2. 老山湾祁阳古县城遗址

唐武德四年（621），恢复隋代废置的祁阳县，并将永昌县并入（永昌县城故址在今祁东砖塘之烟合岭），县城迁至距今县城西南 5 千米的老山湾（今祁阳县茅竹镇茶园村）。此处南依群山，东西北三面临江，水路便利，乃"四达通衢"之地，经济、文化有了新的发展，手工制陶业最为发达。唐贞观元年（627），撤祁阳县并入零陵县。唐贞观四年（630），祁阳县被恢复，隶属江南西道永州。

中华人民共和国成立后，考古工作者和历史研究学者在老山湾古遗址发掘到大量精美的陶瓷碎片。老山湾作为古县城达 830 多年。

老山湾古县城遗址

3. 古城墙遗址

明景泰三年（1452），因老山湾古县城"俯临大江，地势卑下，屡被江淹"，又"苗寇相率入境，居民多被杀掠"，巡抚李实请于朝，将祁阳县城移至"东北高阜檀山湾"，即县城今址。为防匪盗，知县王原觐倡修城墙。初筑土墙，辟四门：东曰渡春，南曰宣化，西曰控粤，北曰望祁。明成化九年（1475）巡抚刘敷檄通判刘圯扩建，内外砌以砖石，掘护城壕，增辟镇南（东南）、进贤（东北）二门，并于六门上建城楼。明弘治七年（1494）江溢大水，城颓几半，知县袁德重修，筑墙垣，并设串楼 658 间。明万历三十年（1602），城墙再度被水毁大半，知县沈学倡修石城墙，长3.65 千米。清顺治十二年（1655），知县童钦修培城垣，增辟潇湘门，并建门楼于七门上。祁阳城门更名：渡春门更名迎恩门，俗称寿井门，老百姓称其为吊井门；镇南门更名迎秀门；宣化门更名黄道门；控粤门更名长乐门，俗称驿马门；望祁门更名朝京门，俗称罗口门；进贤门更名甘泉门。清道光二十八年（1848），知县王葆生在城墙上加砌女墙垛口。此时，祁阳的城墙雄伟坚固，闻名湘南。

民国二十八年（1939），日寇空袭祁阳城，为了便于疏散民众，祁阳县政会议决定，拆毁城墙，甘泉门左右被拆除一段。后祁阳迭遭飞机轰炸，唐家陡、九塘冲各被炸毁一段。民国三十年（1941），为便于防空疏散，又将潇湘门启封通行，并将蒋家园城墙拆开一个缺口，叫新城门（只有缺口而无门）。中华人民共和国成立后，城墙被陆续拆毁修建房基地。现仅存迎秀门至黄道门一段长 304 米高低不等的残墙。

县城图

古城墙遗址

第二节　县城古建筑遗（旧）址

1. 文庙遗址

宋、元代祁阳县城建有学宫。

明嘉靖年间（1522—1566），祁阳人伍典、邓球等人将学宫改建于距县治一里路远的龙山南麓。清康熙七年（1668），重建文庙于龙山旧址之上。吴三桂举兵反清，文庙被蹂躏颓废。清康熙四十年（1701）重修。清乾隆三十一年（1766）至三十四年（1769）文庙改建。文庙坐北向南。主要建筑大成殿六间，四面重檐覆盖。大成殿前为大成门，名宦祠、乡贤祠，附列大成门左右。崇圣祠四间，所有建筑物墙壁均涂为红色，壮丽坚固。整个文庙，围以红墙，周长八十丈。各个龛座雕刻绘画，都非常精致，金碧相映。御书匾额，重加彩绘，照旧高悬。此庙为古代祁阳建筑中最宏伟、最气派的房屋。

辛亥革命后，庙遂荒废。民国十六年（1927），学宫的训导署作为祁阳县农民协会会址。民国二十六年（1937），辟为龙山公园。龙山的建筑物如文庙、护文祠、濂溪祠、节妇祠、孝子祠等依然存在。中华人民共和国成立后，改为解放公园。1951 年 10 月，建烈士纪念亭两座。1959 年，中共祁阳县委会迁入此地。1976 年，为腾出地方修建县政府第二栋大楼，拆毁残存的大成殿及其他建筑物，至此，文庙荡然无存。

学宫全图

浯溪图

2. 浯溪元颜祠遗址

　　元颜祠，为祭祀元结、颜真卿二公而建，唐、宋称颜元祠，明以后称元颜祠。历代屡废屡建，规模也有所扩展，与中堂、中宫寺实异名一地。自元结去世后，祁人即以中堂（元结故宅）祭祀元结，右堂（元结客房）祭祀颜真卿，后右堂毁，便合祀于中堂。宋绍兴二十一年（1151），郡守许永嘱县令刘獬在中堂旧址重建颜元祠。元至元三年（1337）姚绂令零陵尉曾奎建浯溪书院，以书院为颜元祠。明成化十七年（1481）建中宫寺于溪南，建元颜祠于寺右。清康熙九年（1670）蒋永修捐资重修。清康熙二十七年（1688）县令王启烈仍迁建溪北。清雍正九年（1731）县令王式淳重修。清乾隆三十四年（1739）县令宋溶迁建元颜祠于浯溪书院故址，恢廓祠宇，增建僧舍，署名"双千古祠"。清乾隆五十一年（1786）县令张博重修。清道光二十年（1840）县令易学超仍迁回原址重建。清道光二十八年（1848）县令王葆生重建。清同治元年（1862）郡守杨翰重建。祠垣头门右壁嵌《浯溪图》碑刻。抗日战争中，祠被飞机炸毁，碑石无存。1958年崇汉中学建大礼堂于此，1986年浯溪文管所征回，改建为文物陈列室。1988年1月改为"陶铸革命事迹陈列室"。

3. 浯溪书院遗址

浯溪书院，在漫郎宅右，元至元三年（1337）廉访使姚绂命零陵尉曾奎始建，为祁阳最早的书院。元代苏天爵有记："中奉先圣，东庑为元颜祠，西庑为明伦堂，前为三门，周以崇垣，下枕崖石，前临浯水，规制宏伟，请于行省，设官以司其教。圭又割私田三百亩以饩学者。"明代成化僧人正橘募修。仰高亭在书院门内，为明嘉靖郡守黄焯所建。清康熙七年（1668）县令王颐对书院进行重修。浯溪书院，对祁阳文化的发展起到极大的促进作用。后毁失修，旧址在原三中校内，原有一棵古桂花树尚存。

4. 浯溪公园中宫寺遗址

宋代初，在漫郎宅，西夏天授礼法延祚四年（1041）僧显光建于溪北，宋元祐元年（1086）僧承亮迁徙到溪的上游。宋崇宁三年（1104）三月黄庭坚为其题院额"浯溪禅寺"四个大字。明成化十七年（1481）僧正槁重建毗卢法堂和千佛阁。清初，僧二端因书院改建佛寺，又迁回浯溪书院故址。随后，千佛阁基被占，清康熙七年（1668）知县王颐清复收回，僧海聪命其徒寂光募建，又迁至千佛阁故址。清雍正八年（1730）僧普佃仍改建于溪的上游原址。后知县王式淳重修。清乾隆四年（1739）县令宋溶为建石坊于寺前，署名"古中宫寺"。寺内中殿有从云南蒙自铸回的铜关圣帝君一尊，铜观音一尊，铜韦驮一尊。寺殿前阶檐下有"寿"字碑一座。寺左有舍利塔群。寺后有明代尚书宁良墓。铜佛、香炉土改中遭散，其他毁于"大跃进"和"文革"。中宫寺曾为浯溪公社办公室，后被原祁阳三中改建为教师宿舍。现为浯溪三中教师办公用房。

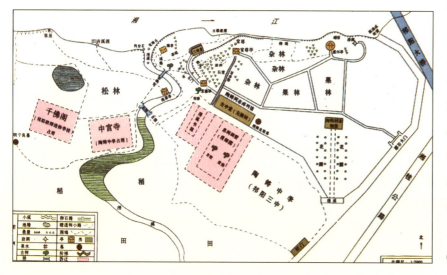

浯溪平面图
（选自《浯溪志》）

文昌书院图

5. 文昌书院遗址

　　明神宗万历元年（1573），邓球倡建祁阳文昌塔于万卷书岩之上，于建塔同时兴建书院。明万历十六年（1589），文昌塔竣工。明万历十八年（1591），文昌书院落成。

　　明天启年间（1621—1627），陈荐之子陈朝鼎煽动族人将文昌塔拆毁，文昌书院也因而废毁。清乾隆十四年（1749）七月选址新阁山阜动工复建书院，岁末竣工。后来，堂庭颓敝，瓦椽已损，梁栋倾斜。清道光十九年（1839）重修，三年后竣工。因南北朝时的永昌县，后并入祁阳管辖，遂改名"永昌书院"。清咸丰九年（1859）三月，太平天国翼王石达开率大军围攻祁阳县城，驻军书院。永昌书院"穿壁穴墉，撤毁楼槛，门牌殆尽"。清光绪三十年（1904），永昌书院改为祁阳县立第一高等小学堂。民国三年（1914），改为祁阳县立第一高等小学校。民国十九年（1930），改为祁阳县立乡村师范学校。中华人民共和国成立后，县立乡村师范学校并入祁阳县立中学。1979年衡阳地区将书院旧址拨归新建的祁阳师范。由于几经改建，书院原舍已荡然无存。

文昌书院遗址（祁阳师范提供）

6. 玉皇阁遗址

玉皇阁位于县城宝塔街中段北面街后，坐西向东。明万历年间（1573—1619），卢奇之子卢鼎吉捐建。清道光二十四年（1844），李超然重建前殿与正殿。清咸丰九年（1859），石达开部围攻祁阳，驻此阁时被毁。清同治四年（1865），孙中元等募修正殿，欧阳世福修葺后殿，唐协和修葺殿前甬道及围墙。阁为长方形建筑，有三扇大门，中门后为戏台，戏台前有站坪，坪两侧有女台。民国以后逐渐成为男女混合看台，大雨时，成为观众避雨场所。民国二十八年（1939），女台年久失修垮塌。站坪后为正殿，中有巨大神龛，供玉皇大帝神像，大殿两壁上画有"玉皇出巡"巨幅壁画。大殿后为天井，天井后为生活区。后曾为乡村师范附小校址，1949 年 10 月后改作宝塔小学。

玉皇阁遗址

7. 祁阳八景旧址

祁阳向以风景秀丽著称，自古即有"浯溪形胜冠潇湘"之誉。古往今来，引起多少名人学士，心向往之，并吟咏之。尤为奇异者，当数"祁阳八景"，且景景蕴含厚重的历史文化。

祁山叠翠 祁山，坐落于县境东北，南北走向。祁山似城墙拱卫县城，面积 322 平方千米，主峰太白峰（又名珍珠岭、大宝山、太白脑），海拔779.4 米。山势巍峨，连绵不断，每当雨霁初晴，峰峦如洗，沟壑分明，翠黛如染。古云：天下名山僧占多，故祁山山脉的风景胜异处，每有佛寺道观等古迹点缀其中，祁山观则是其中较有名者。又因观中遍植牡丹，花开之际，更给祁山添一胜景，自古即有"三月三，祁山看牡丹"之说。寺观之

祁山叠翠　　　　　　　　　　　　　　　　　　　白鹤云屏

立，使之既有自然景观，亦有人文景观。古寺名刹向为历代文人骚客游历之所，并为祁山之胜留下诸多吟咏。明宁良《祁山叠翠》诗云："芙蓉玉削碧于兰，相去青天仅尺三。雨过烟光添翠黛，日斜树色霭青岚。九疑未许遍堆髻，五老那堪并拥簪。况复一方民仰止，春风花县倚山南。"

白鹤云屏　白鹤山，祁山一峰，海拔 621 米，与太白峰遥遥相对。山腰建有一道观，名白鹤观。相传楚白公奔避于此，其末孙改姓屈，名峻静，炼丹绝顶，跨鹤仙去，遂以鹤名山。山头树木葱茏，常年云雾缭绕，有如白色屏障，故名"白鹤云屏"。明宁良有《白鹤云屏》赞曰："白鹤山高汉表横，云根秀结自天生。匡庐九叠疑相属，巫峡诸峰画不成。石映有文欺玛瑙，冰涵无玷亚瑶琼。由来异物钟奇气，知是兹山地有灵。"

熊岭朝暾　熊罴岭，祁山一峰，坐落在县城东北 15 千米处，海拔 338 米，因山势高峻多岐盘踞似熊罴而得名。清宗稷辰《过熊罴岭》诗极言尽此山雄险形势："百折上危巅，严关势凛然。一夫能守险，半壁足雄边。屹立熊长踞，埔飞马不前。澄清天宇阔，极目靖氛烟。"熊罴铺是古代衡阳—祁阳驿站，明监察司严起恒建关其上，并设邮舍、佛阁、凉亭，是过往行人必憩之所。每当天朗气清，晴空万里之晨，置身峰顶，看旭日从东天的朝霞中缓缓跃出，其情状让人惊羡不已，故有"熊岭朝暾"之誉。清欧阳晼《过熊罴岭》诗写尽该山景象："不因飞步上南屏，谁信熊罴天半青。鸟道直凌烟外路，羊肠小憩树边亭。云山极目通千里，石栈何年凿五丁。我欲鸡鸣观日出，试从绝顶望东溟。"现盘曲在山间的古磴道已荡然无存，代之以蜿蜒宽阔的汽车公路，是岭下大桥湾一带村民去祁东、衡阳的捷径。过去的古驿站、佛阁、凉亭、邮舍等虽颓败罄尽，但"熊岭朝暾"之景依然。

雷洞灵湫　雷泽洞，位于县城西北 3.5 千米处，现属长虹街道。苍崖峭壁，岩石玲珑，千奇万状。有洞可容百人，洞顶空透，传为雷所劈，故名"雷洞"。洞内有泉伏流，冬温夏冷，掬饮芳甘，常年不涸。清李承阳的《雷洞灵湫》诗赞曰："洞阳李氏好图新，观额椽书日会真。洞里灵湫无涸溢，兴云致雨泽生民。"元泰定时（1324—1328），李洞阳建会真观于此（又名雷坛观），元栖真洞道长白玉蟾作《记》刻于崖壁，后人多有题咏。

湘水环清 湘江从许家亭细瓦蝗流入祁境，过浯溪，绕县城，纳祁水，汇白水，自九洲转常宁，横贯县域中部 100.8 千米，似玉带飘拂腰间，故有"湘水环清"之誉。清李承阳有《湘水环清》诗赞之："远溯源头发海洋，漓南湘北到祁阳。江东桥畔双流合，逝者如斯秀气藏。"域内湘水两岸风景殊异：有高山峡谷，有峭壁悬崖，有田畴绿野，有名刹古镇……旅游资源尤为丰富，很具开发价值。泛舟湘江，赏两岸美景，实为闲暇一乐。

书岩霁月 万卷书岩，位于县城东隅，湘江左岸，文昌塔下。石壁层叠，高达三十余米，望若书卷排比。嘉庆辛未重九日，前长沙知县甘庆增镌"书岩天榜"四字于岩右，拔贡周志勋题刻"万卷书岩"于石门，并镌

熊岭朝暾

雷洞灵湫

书岩霁月

湘水环清

"万卷书岩铭"以赞之。自兹万卷书岩名传天下。每当月朗星稀之夜，万窍空明，和风吹拂，微波荡漾，书崖倒映水中，随波起伏，犹似书页翻动，湘水拍岸，声如翻书。波光倒映，蔚为奇观，故有"书岩霁月"之称。清邑令万在衡有《书岩霁月》诗述之："崖壁天然叠万函，良宵好月贮书岩。石经古讶秦灰剩，玉镜光饶禹穴缄。映读秋寒云不锁，静探秋曙薛频芟。试看下笔神来候，掇取银蟾落翠衫。"万卷书岩原有较多碑刻，中华人民共和国成立后，特别是"文革"期间遭受破坏，仅留"书岩天榜"四字。2003年，文昌塔维修，全国书法家协会主席沈鹏题写了"万卷书岩"四字，刻勒于岸畔一天然竖石上。

紫霄霞绮

紫霄霞绮 乌符山，即"紫霄霞绮"风景地。位于县北30千米今祁东白地市境内，衡祁古驿道经于此。是山突兀于田畴间，山顶终年烟雾缥缈，云蒸霞蔚，林壑幽深，极山水之胜。元逸士蒋晖建观居之，名曰"乌符观"，亦叫"紫霞观"。传唐吕纯阳曾访之，并撰有《乌符山》诗："燕罢高歌海上山，月瓢承露浴金丹。夜凉鹤透秋云碧，万里西风一剑寒。"元白玉蟾曾书镇蛟符，

燕冈阴雨

高妙淳古，莫测其运笔起止。清邑令万在衡有《乌符山》诗记之："清逸山人住紫霄，金霞片片护山椒。乌符律令蛟看镇，黄服仙官鹤任招。弱海风高飞筴剑，古坛露冷浴丹瓢。不须乞取邯郸梦，醒眼看人好梦遥。"

燕冈阴雨 燕冈，即祁东县黄土铺湮江峰，上有古贝类化石，形状"与燕无异"，称为石燕。明邑人彭琉《燕冈阴雨》诗尽状其形："燕冈祁山西，去廓百里许。其中产石燕，无异乌衣侣。天晴不出飞，飞飞在阴雨。雨止还为石，杳然莫知处。不巢向屋梁，谁能作其主。物灵有如此，可与知者语。"《水经注》云："其山有石，绀色而状类燕，或大或小，雷风相搏，则石燕群飞，颉颃逼真矣。"嘉庆《祁阳县志》载："相传石遇雨则飞，盖因石为烈日所暴，偶遇雨而跌落如飞。"明邑人肖夔龙同名诗似识石燕玄机："触石成形物产稀，翱翔绝不假毛衣。呢喃未解梁间语，上下偏能雨里飞。洞口云横欣却舞，崖前风定倦思归。何须鞭石祈甘澍，羡尔差池识化机。"

8. 学宫八景旧址

龙山秀霭

泮沼回澜

龙山秀霭 龙山，海拔高度126米，范围约6万平方米。紧拥学宫，为学宫之后山。茂林修竹，蔚为深秀。缭云绕雾，婉若蓬壶，故名"龙山秀霭"。1946年，国民党在此建一所"介寿亭"，后为在乡军官会址。1937年，辟为"龙山公园"，设过小型俱乐部和苗圃。1939年，建"抗日阵亡将士之墓"，前跪汪精卫、陈碧君二人石像，并有墓联讽之："满有勋名光史册，长留浩气壮山河"。1944年为"维持会"所毁。1949年后改名"解放公园"。1951年至1952年在山顶建烈士纪念碑亭。1959年，中共祁阳县委驻入。

泮沼回澜 泮池，俗名莲子塘，面积1.6万平方米。池之南岸曾有照壁（文庙之装饰性建筑），正对文庙的棂星门；西有步蟾桥，为甘泉水汇入处；东有攀桂桥（俗称通官桥），为池水出口处，泮水再经青云桥、接云桥（现已被雍填为门球场、居民宅地）、潇湘桥，穿越城墙入祁水而汇入湘江。原池面常为藻芹所掩，风动藻涌，层层浪起，有所谓"泮水藻芹，紫青涨绿"。又有所谓"源头活泼涌春泉，百倾文澜卷宿烟"之胜，因名"泮沼回澜"。黄裔有《泮沼回澜》诗曰："风吹芹藻沼回澜，香气袭人持晚烟。粉蝶双双绕花舞，鱼儿对对戏荷钱。"1937年，龙山辟为公园时，曾在池中建"爱荷亭"，有桥相通，后自然倒圮。1949年后，亭桥石料被移作他用，泮池四周也被填占，现只余9000余平方米。虽溪桥依旧，藻芹却无。

甘泉荷雨 甘泉，俗称大井眼。在龙山西麓，为泮池的主要水源。傍城北门，故北门又名甘泉门。原有宋张杖崇宁四年（1105）正月五日所作的《甘泉铭》。甘泉井系县城名井，朝暮来此担水、漂洗者络绎不绝，特别是暑天，全城都以能饮甘泉水为快。甘泉前，曾有池沼，比泮池大，夏天长满荷花，每当芙蓉出水，幽香四溢，碧盘承露，玉润珠圆，一时风雨齐至，则千层绿浪翻滚，如海涛怒发，蔚为壮观，因名"甘泉荷雨"。1949年后，甘泉几经修整，原有荷塘已填为宅地，"甘泉荷雨"一景已成历史。

濂阁书声　濂阁书院，设在濂溪祠，位于攀桂桥前，紧靠泮池北岸。祠于清雍正八年（1730）龙应义倡修。清嘉庆十一年（1806）刘普倡首重修，越7年方竣工。过去学宫"左邻濂阁，午夜书声，人习雅颂，韵叶承平"，因名"濂阁书声"。自建书院后，这里一直是学校所在地。宣统三年（1911）谢交在这里创祁阳唯一的一所女子小学（县立二小），后改为三吾中心小学。1949年后，改为龙山完全小学。1969年，改为城关中学，现为龙山小学。原有建筑荡然无存。

湘楼钟韵　潇湘楼，坐落潇湘门（东门）旁，泮水穿城汇湘处，离青云桥100米，原为庙，朝暮钟鼓之声悠扬，因名"湘楼钟韵"。楼踞立一孤立突起的石山上，海拔95.1米。后依龙山，前凭城墙，下临湘水。登临其上，江水浩渺，远峰低云，帆樯上下，水鸟翱翔，不禁心旷神怡。楼原为明嘉靖（1522—1566）时建筑，现楼为民国初年重建，1936年前有过修整。坐西向东，为一中西合璧建筑。正门石门框上有邑人黄裔书"木石居犹是，江城画不如"石刻联。黄裔曾著《潇湘楼志》一卷，历代登临吟咏诗歌甚多。

虹桥步月　青云桥，在攀桂桥（俗称通官桥）下，架于泮水小溪之上，明钱忠选建。长6米，宽3米，有如虹横。"清宵月色，散步平桥，镜飞蟾

潇阁书声　　　　　　　　　　　　　　　　　　　　甘泉荷雨

湘楼钟韵　　　　　　　　　　　　　　　　　　　　虹桥步月

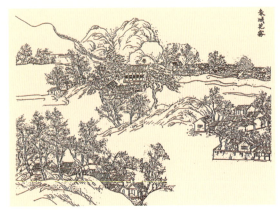

春城花雾

天马骧云

彩，光泻虹腰"，使人浮想联翩，因名"虹桥步月"。现已将小溪两岸填平作门球场和居民宅地，桥已埋入地下，"虹桥步月"一景已不复存在。

春城花雾　春城，概指范围为甘泉门一带，这里过去曾遍植桃李。春花时节，李白桃红，晨雾缭绕，煞是迷人，诚为县城一景。清王榘"春城花雾"诗赞曰："花雨滋桃李，和风被永昌。花凝千树雾，春满一城香。翠欲迷林坞，红犹隔女墙。此中足烟景，莫漫诩河阳。"现在这一带已被建筑物挤占，空旷地几无，桃李等"花树"难觅踪影，"春城花雾"一景不复存在。

天马骧云　天马，即天马山，耸峙城东4千米处，位于湘江东岸，势若奔马。从龙山远眺，湘江银浪托出奔驰的"骏马"，浮云缭绕山峦，恰似天马行于云中，故名"天马骧云"。中华人民共和国成立后，中南制药机械厂、祁阳铁厂、祁阳草席厂、祁阳一中、祁阳师范学校均设于此。

9. 中山台旧址

王府坪中山台始建于民国时期，"中山台"三字系祁阳县著名书法家黄裔先生于1950年书写的。1958年为开通人民路被拆毁，在中山台原址上修建祁阳旅社。2004年拆毁祁阳旅社，改建成王府坪"步行街"。

中山台旧址
（王昌华／摄）

10. 白竹湖旧址

在驿马门外300米处，有一桥，叫望浯桥。因该桥为杨姓所建，故又名杨家桥。桥左抵湘江，右临白竹湖。白竹湖位于浯溪街道椒山村十八组，东临滨湖东路，南连金盆东路，北靠沿江路，呈椭圆形，东西向160米，南北向335米，面积约4万平方米。原吸纳卢家甸的流水，经望浯桥下流入湘江。20世纪末期，县城建部门将白竹湖填平，并修通了四周道路。2004年被改建成一个集休闲娱乐、集会、旅游观光于一体的大型综合性广场。

白竹湖旧址（王昌华／摄）

第三节 红色革命遗（旧）址

1. 祁阳特别支部旧址

1925 年 9 月，雷晋乾和毛泽民、夏明震一起到广州农民运动讲习所学习。12 月，雷晋乾被中共湘区委员会和国民党湖南省党部任命为农民运动特派员派回祁阳，发展党的组织，领导农民运动。1926 年 1 月，中共祁阳特别支部成立，雷晋乾任书记。办公地点就设在现祁阳龙山街道宝塔街 196 号县立高等小学，即现祁阳师范学校。1927 年 5 月 21 日，反动军官许克祥在长沙发动马日事变，大肆屠杀共产党人和革命群众。28 日，因叛徒出卖，雷晋乾不幸被捕，英勇就义，祁阳轰轰烈烈的大革命运动转入低潮。

1926 年中共祁阳特别支部（县史志办提供）

1982 年祁阳师范办公室旧址（左边为 1926 年"中共祁阳特别支部"旧址）

特别支部旧址（祁阳师范提供）

2. 祁阳县农民协会旧址

1926 年 8 月，祁阳国民党组织公开，成立了县党部于南司公馆，各群众团体亦相继建立，秋收后，以乡团为单位组织农民协会。初冬，县农民协会正式成立，会址设在文庙训导署（现为龙山公园）。到 1927 年春，全县共成立农民协会 130 多个，农会会员约 15 万人。

1926 年，雷晋乾被选为县农民协会会长、农民自卫队队长，王首道是

農民協會旧址

中共湖南区委和国民党湖南省党部委派的特派员，并继任雷晋乾特别支部书记。1981年5月5日祁东离休老干部彭树德陪同王首道访祁阳农民协会旧址。彭树德赋七绝一首："当年特派到祁阳，农运方兴日夜忙。住院虽坍遗址在，新栽花发旧时香。"

3. 七里桥镇文家冲农民协会旧址

1926年秋收起义后，以全县各乡团为单位组织的农民协会普遍建立起来。文家冲农民协会成立于七里桥镇文家冲村何公殿，指导农民进行轰轰烈烈的农民运动，是当时全县较有影响的农民协会。无产阶级革命家王首道曾在此组织领导过轰轰烈烈的农民运动。何公殿作为历史上当地农民协会会址，保存良好。该殿始建于民国三年（1914），供当地村民信奉的"何公"故名，该殿一进两横布局，砖木结构。1949年，设文家冲小学于内，2001年小学另迁新址。后来文家冲村民自筹资金，恢复"何公殿"旧置，重塑何公兄弟遗像祭之。前往祭拜者颇众。1992年，被列为祁阳县文物保护单位。

文家冲农民协会旧址

4. 土地革命时期中共祁阳县党员代表会议旧址

该旧址位于祁阳县下马渡镇扬名山村徐家院子。因年代久远，腐蚀严重，该建筑于20世纪60年代自然倒塌。

1927年9月，岳北农工会委员长、共产党员刘东轩受组织派遣，化名钟德贵，偕妻周凤英、弟刘从然来到祁阳，恢复发展党组织，与共产党员周定文、费剑雄（女）取得联系，并发展陈宏志、宋慕之等7人为中共党员。10月召开祁阳县城区党员大会，又吸收周益生、江殿逵等6人为共产党员，成立祁阳县城区支部委员会。12月下旬，共产党员陶铸（化名陶磊）回祁阳，协助刘东轩组建祁阳县委，筹划兵运工作，准备发动祁阳革命暴动。

1928年1月，刘东轩、陶铸、李用之等人在今下马渡镇扬名山村徐家院子召开全县党员代表大会，选举成立了中共祁阳县委，刘东轩任书记，李用之任组织委员，陶铸任军事委员兼青年委员。祁阳县委隶属湖南省委，代管零陵、道县、江华等县党组织。中共祁阳县委先后开展了除夕暴动、秘密恢复组织农协小组、支持周文农军斗争等一系列工作。1928年6月，刘东轩等人被捕，惨遭杀害，中共祁阳县委遭到破坏。

土地革命战争时期中共祁阳县党员代表会议旧址（县史志办提供）

5. 祁阳县委通讯处旧址

1927年9月，岳北农工会委员长、共产党员刘东轩受组织派遣，化名钟德贵来到祁阳，恢复发展党组织。10月召开祁阳县城区党员大会，成立祁阳县城区支部委员会。支部代号为"祁阳生"，通讯处设在县城新街"周祥顺馨香号"。1928年1月，刘东轩、陶铸、李用之等人在今下马渡镇扬名山村徐家院子召开全县党代表大会，选举成立了中共祁阳县委，县委通讯处仍设在"周祥顺馨香号"。1928年6月，县委通讯处"周祥顺馨香号"遭到查封。

中共县委通讯处"周祥顺馨香号"位于县城老城区新街，周围全是居住区，现已拆除。

祁阳县委通讯处旧址（县史志办提供）

6. 阳明山苏维埃政权旧址

阳明山苏维埃政权旧址位于凤凰乡白果市村。1916年，祁阳县花筵江人周文在阳明山聚众起义。到1926年，队伍发展到2000多人。为镇压周文部队，1927年10月，国民党湖南省政府设置阳明县。1928年6月，中共祁阳县委组织委员李用之逃脱国民党追捕后，投奔阳明山周文部队。8月，在李用之等共产党人的帮助倡议下，周文改部队番号为"中国共产党湘南区永州农民自卫军"，自任总司令，成立"中国共产党阳明山执行委员会"，由李用之负责。在白果市建立以阳明山为中心、四望山为犄角的阳明山苏维埃

阳明山苏维埃政权旧址

政府，周文为苏维埃政府主席。当时因中共湖南省委屡遭破坏，中共阳明山执委一直未与之取得联系。1929年1月，井冈山红军派人来阳明山，劝说周文部转战湘赣边境与红军会合，但周文疑为敌特之计，错过良机。1928年10月，湖南省清乡督办署加大对阳明山革命根据地的"清剿"力度，至1931年3月，阳明山革命根据地斗争失败。1934年，红六军团曾驻扎在此。

7. 白果市红军长征饮水井旧址

饮水井旧址位于凤凰乡白果市村。1934年7月，中国工农红军第六军团在中央代表任弼时、军团长萧克和政委王震的率领下，坚决执行党中央和军委的命令，退出湘赣根据地，作为红一方面军长征的先遣队，向西挺进。8月25日，红六军团由零陵的庙门口出发，绕过新亭子的敌军，经歇马庵，于26日凌晨进入祁阳的鸡子胯（白果市乡晨光村，当时属宁远县），直驱国民党黄珠田守望队哨所，攻占了国民党阳明山特别区公所和旭日乡公所，缴获敌人13条枪，活捉才上任3天的特别区区长奉明托（又名奉其材）并处死。当日政委王震住在白果市街上邓甲告家。下午，红军急转南下，进入宁远县境。尾追之敌于27日下午仓促赶到白果市，但红军早已远走高飞。

红六军团撤离白果市的第二天晚上，旭日乡乡长罗化仁纠集乡丁，在牛栏岭将10名病残掉队的红军战士抓住后处死。另一名病倒在路上叫张义保的红军战士被贫农邓其明救护到家；8月29日，不幸被敌人发现并捉去，惨杀在桐梓皂。

白果市此井，红军长征时将士们曾在此饮水。

红军曾饮用过的水井（李君／摄）

第四节　抗日战争旧址

1. 土轻村伤兵医院旧址

　　浯溪街道沿江村（原土轻村四组）肖家院子肖以福、肖以润兄弟俩住房后檐土黄色石灰粉墙上有一条朱红标语："后方的努力即是前方的胜利，前方的胜利就是要后方的努力。荣二团三大队十二连"。

　　标语是用繁体字从右往左横向书写的，每个字约 37 厘米。标语字迹清楚，除两行字的开头"后""前"两字因房主新开窗户损坏了部分笔画外，其余均保存完好。据推算，这条抗日标语有七十多年历史了，对了解祁阳县的抗战历史，是不可多得的宝贵资料。

　　抗战期间，这儿沿河一带为国民党抗日部队的伤兵医院。伤兵都分散住在老百姓家中，团部设在周家院子。日军入侵湖南后，伤兵团转移至别处。后来，国民党当局用一块约两米高的青石板立了一方"抗日阵亡将士纪念碑"。中华人民共和国成立后，碑石被村民抬到三组谢家塘边砌做洗衣码头，至今浸在水里。

伤兵医院旧址

伤兵医院墙上的抗战标语

2. 挂榜山祁（阳）东（安）抗日自卫队总指挥部旧址

自卫队总指挥部
旧址

1944 年 9 月，祁（阳）东（安）抗日自卫队总指挥部在祁阳县挂榜山成立。蒋伏生为总指挥，彭林生、王亿为副总指挥。下设 19 个支队（其中祁阳 12 个，东安 7 个），每个支队至少两个大队，每个大队三个中队，人枪由各支队自筹。

在指挥部的领导下，各地抗日武装迅速壮大，最多时达七千多人。南河岭农民聂贵普等组织菜刀队，打死打伤日军数十人，夺得长短枪八十多支，队员发展到一百多人。1945 年 4 月，抗日纵队在挂榜山、龙家岭东侧修建一座简易机场（长约 300 米，宽约 20 米，占地约 6000 平方米）接收空投武器和美国武装人员。

1945 年 8 月，日本宣布无条件投降，祁（阳）东（安）抗日纵队总指挥部随即撤销。而今，抗日纵队总指挥部旧址的青砖老房子依然存在，与祁山最高峰太白峰遥相对望。

3. 黄泥塘镇搭洲村截击战旧址

祁阳县黄泥塘镇搭洲村，位于湘江河畔，南与河埠塘接壤，西与潘市镇隔江相望。1944 年 11 月，一支 30 多人的日军小队强迫 200 多名国民党军队战俘，拉着装满军用物资的 39 艘驳船，从衡阳逆湘江而上，欲前往广西。祁（阳）东（安）抗日自卫队获悉情报后，于 11 月 22 日下午 4 时，在搭洲附近的溢浪滩尾进行了截击。日军物资损失巨大。随后，日军占领了潘家埠文昌阁。日军担心自卫队晚上前来偷袭，立即占领搭洲河岸冯家祠堂。24 日凌晨 3 时，自卫队偷袭祠堂的日军。因日军防备甚严，没有成功，并且牺牲了 5 名队员。自卫队见偷袭不成，发起强攻，遭到日军拼命抵抗。后获悉，祁阳县城的日军已向冯家祠堂派出增援部队，自卫队只好撤退。24 日晚，日军怕自卫队增兵，便解缆放船，欲在夜色的掩护下撤走，遭到早在

搭洲村冯家祠堂

前面埋伏的自卫队的痛击。此次截击战，共歼灭日军 15 名，缴获枪支 20 余条，运输船 39 艘及大量军用物资。

4. 下马渡镇山川村西南游干班总部旧址

西南游干班，即西南游击干部训练班的简称。蒋介石任班主任，李默庵任教育长，叶剑英任副教育长，并主讲游击战术。西南游干班 1—2 期在南岳举办。因遭日机轰炸，1939 年 12 月，第 3 期南迁祁阳，驻下马渡镇山川唐家大院。山川唐家位于下马渡镇山川村四组，是唐协和大院的简称。唐协和，清道光五年（1825）生，寿六十。官湖北襄阳兵备道，钦加布政使衔花翎勇巴图鲁。该院坐北向南，后依芝麻坪小山，院前是稻田，有石板路沿院左侧通往宝塔街。

第三期学员编有三个大队，大队下辖三个中队，学员 1296 人，主要是国民党军队团级军官及少数高中生。大部分学员驻山川，只有一个特务训练班驻在祁阳县城。驻地房屋均占用民房。英国军士 20 余人驻此院左，正中大殿为课堂，左边厢房

游干班总部旧址

游干班总部旧址

为女生宿舍。右边厢房为队长、区队长、指导员室。另外还搭建了两间厨房及杂屋，在芝麻坪搭盖了一个能容纳上千人的简易大礼堂。

5. 潘市镇柏家村第六伤兵休养院旧址

抗日战争期间，为了安置在前方医院经过抢救治疗好了的负伤士兵到后方休养，国民党派特派员到全国各地建立相应的后方休养院。1937年10月间，国民党中央伤兵管理处派员到祁阳，会同县政府，选定条件较好的马鞍岭一带，筹建第六伤兵休养院。决定将院本部设在柏家大院下院，政训处和医疗室设在老院，院所属六个中队分别安排在上院（一、二中队）、柏家祠堂（三中队）、石峡洲（四中队）、龙江埠（五中队）、谢家湾（六中队）。院部组织庞大，在职官兵达400余人，各个中队视转来休养人数的多少编成三至八个分队，每个中队在150人左右。来院疗养的伤兵流动性很大，一般休养满六个月出院，重返部队，第六休养院收容伤兵最多时曾达6000人。

伤兵休养院旧址

　　由于组织庞大，管理不善，伤兵扰民事件频发，激起周围民愤。伤兵医院先将一、二中队迁往龙溪，接着将三中队迁往八角岭脚下，再将四、五中队迁往石坝和杨桥。到1942年，整个第六伤兵休养院全部迁到湘西芷江。

6. 文明铺镇日本侵略者炮楼旧址

　　1944年9月，日本侵略军占领祁阳，在文明铺建立军事据点，把娘娘庙作为指挥所，又强拉民夫，在联益村罐子岭修建碉堡，并在当铺设立岗哨。

　　1945年5月间，国民革命军四方面军别动队一个营，带领东零指挥所的一个大队，从三官塘来到文明铺。他们占领街道和周围高地，将迫击炮、小钢炮架在临近罐子岭的横街周义昌号三楼上，对准罐子岭上日寇碉堡猛烈轰击，多发炮弹命中，炸死炸伤敌人多名，接着发起冲锋。激战一天一夜后，日军见形势不妙，偷偷撤走。此战缴获日军上百双皮鞋、数十个军用背包、几十件军大衣和军毯，还有很多粮食。

　　2000年5月，当年在文明铺碉堡据守的日本军人，已是日本某大学教授、校长的元山俊美先生，从日本来到文明铺罐子岭碉堡前，向中国人民谢罪。第二年，当他八十寿诞时，他再一次来到文明铺，并赠送500株樱花树苗。这些树苗分别种在原县五中和高码头完小，现生长茂盛。

炮楼旧址

第五节 古窑遗址

1. 观音滩镇西汉古窑遗址

观音滩镇西汉古窑址位于观音滩镇沿沽村九组。湖南省文物考古研究所、永州市文物处、县文物局于 2009 年 11 月 11 日至 12 月 30 日对古窑址进行了挖掘，面积 250 平方米，共发现汉代半倒塌马蹄状窑炉 6 座。经在窑址周围 2 千米范围内踏勘和重点钻探，发现取土坑、工棚建筑、用火痕迹、引水沟等遗迹。其窑炉顶部均已破坏，但下部保存完好，均有操作坑、窑门、火塘和排烟设施，揭示了汉代制瓦工艺全过程。

该窑群以烧制绳纹板瓦、筒瓦为主，兼烧少量砖块。其瓦厚达 2 厘米~4 厘米，重 4 千克~6 千克。根据该窑群"奉"字铭砖提示，可断定是一处汉代官营瓦窑，专为官家建筑烧制砖瓦构件。其规模之大在湖南省尚属首次发现，说明西汉早期祁阳已是人口稠密的政治经济区域。此瓦窑群的发掘为研究汉代行政机构设置、官署建筑、城市历史提供了十分有价值的线索和实物资料。

西汉古窑遗址（贺国华提供）

西汉古窑遗址挖掘现场（王昌华/摄）

西汉古窑遗址出土文物（王昌华/摄）

2. 黄泥塘镇庆塘村古窑遗址

庆塘村古窑址位于祁阳县黄泥塘镇庆塘村村北，年代为宋代，面积约 1000 平方米，文化堆积厚 1 米~3 米，地面曾发现残窑 3 座。

该窑址地理形势为：1 号窑址的东北方向约 60 米为孙二房村，东南约 100 米接 2 号窑址；2 号窑址距皮铺西北方向约 120 米，西北靠电排排水渠，东 20 米是水塘；3 号窑址距 2 号窑址东面方向约 100 米，西北离水渠约 60 米，东临湘江，正南是庆塘村江边小院子。

庆塘村古窑遗址

该窑址发掘陶器、陶碗、壶、钵、碟、花瓶等器物三十余种，器物上有小方格纹饰及莲花、菊花、荷花、鱼类等图案，个别器物底部刻有"福""益""唐"等字样，色泽有黄、黑、绿、紫四种颜色。这些窑址陶器的发现，证明了祁阳人民在 1000 多年前就学会了制陶技术，它对我县陶器方面技术的研究提供了十分重要的实物资料。1992 年，被列为祁阳县文物保护单位。

庆塘村古窑遗址出土的部分文物

3. 白水镇老窑村古窑遗址

  老窑村古窑位于祁阳县白水镇老窑村，距今已有近 300 年历史。面积约 360 平方米，窑长 40 米，宽约 9 米，高约 2.2 米，顺坡上爬，窑头低，窑尾高，形状似龙，古称龙窑。窑址基地为黄土，土深层有白色胶质泥，是适宜烧制陶瓷的最佳原料。主要生产的产品有碗、盘、杯、盆等器物，图饰主要以花草虫鱼、禽兽、人物为主，形态生动逼真，栩栩如生。

  该窑自建窑以来，基本上未停止生产，1957 年转为地方国营。20 世纪 80 年代，因经营不善而破产，被私人承包。2006 年曾生产陶管，因无良好技术人才和管理人员而被废弃。此窑为研究我县古窑生产技术等提供了较为丰富的实物资料。2013 年，被列为永州市文物保护单位。

老窑村古窑遗址

第六节　其他遗（旧）址

1. 下马渡镇大马坪人类活动遗址

大马坪人类活动遗址位于下马渡镇扬明山之南，距县城东北方向5千米。年代商至西周，遗址面积约两千平方米，文化堆积厚1米~2米。坡高50米，东西横向500米，南面背祁水水城，附近土岭起伏，为山丘林地，地面有的已开垦种植，文化层次不清。所采集的标本多为打制石器。1984年第二次文物普查时，曾挖出石刀、石斧、石锛、箭头、石镞等打制或磨制石器，取料以鹅卵石为主（现保存在浯溪文物库房）。采集陶器主要是以夹沙红陶为主，饰纹主要是方格纹。陶器火

下马渡镇大马坪人类活动遗址（李文祁／摄）

下马渡镇大马坪人类活动遗址出土文物（贺国华提供）

候低，胎厚不均匀。大马坪遗址的出现，为研究我县商周时期历史文化提供了较为丰富的实物资料。2003 年被列为永州市文物保护单位。

2. 下马渡镇蒋家山古墓群遗址

蒋家山古墓群遗址挖掘现场和出土文物（贺国华提供）

　　蒋家山古墓群位于祁阳县下马渡镇谭家湾村七组，年代为汉代。该古墓群南北长 200 米，东西宽 58 米，呈长方形，2008 年修建衡柳线铁路时被发现。2009 年 9 月，祁阳县文物局配合湖南省考古研究所在此进行抢救性考古发掘，历经 3 个月，发掘古墓大概 50 座，出土有大量的汉砖，呈麻布纹和几何纹饰，出土器物有陶罐、陶斧、铁刀、铁箭等文物。

　　蒋家山古墓群经过考古发掘清理后，采取原土复填的方式进行保护，古墓群现已开辟为果园和菜地。2013 年，被列为永州市文物保护单位。

3. 文明铺镇当铺旧址

文明铺镇当铺旧址

清光绪三十二年（1906）祁阳县城有了第一家当铺，牌名"文昌当"。

民国三年（1914）四月，湖南省国税厅规定省境内的当铺，分"典当"和"质当"两种，每种分甲、乙、丙三等。民国四年（1915）全县先后领帖立案的共四家乙等质当。民国十一年（1922）至十六年（1927），城内又增两家乙等质当铺。农村集镇先后开设四家丙等质当铺，其中有文明铺彭深开的"汇丰当"、邓月如的"同裕当"。

当商邓月如，民国十二年（1923）集资，在文明铺开"同裕当"。民国十三年（1924），文明铺天旱，农业大减产，农民生活极端困难，无处借贷，只得将衣、被和铜、锡器皿典当维持生命。邓月如为了筹集资金，收当更多的抵押品，将存款月息由一分提高到二分，几个月内先后收存超过自有资金2.5倍，发了横财。

抗日战争开始后，祁阳政局不稳，货币贬值，人心惶惶，纷纷准备逃难，祁阳的当铺、私押相继停业。至民国三十二年（1943）以后，完全绝迹。

4. 文明铺镇江西会馆旧址

江西会馆旧址

江西会馆，坐落于文明铺镇大兴街下街，是江西人于明末清初集资修建的。到清代中期，规模扩大。

会馆前面大门三扇，大门后戏台一座，高丈余。戏台四向均装有木花板栏

当铺墙上枪眼

杆，栏杆边还挂有对联一副："做事莫争先，唱戏不如看戏好；为人须顾后，上台容易下台难"。

台前场地约有600多平方米，均铺四方石板。内有大厅走廊，前后阶檐，大柱四对。中为蓝色栏杆，旁有侧门，直通正殿两天井。再进为正厅，厅上悬挂匾额数块，正中一块，上书"功盖吴楚"。两旁石狮子一对。上刻"清嘉庆年间制"。堂中有神龛，塑许仙真人像，两旁悬挂对联一副："蛟龙不作尧时水，鸡犬常携晋代云"。

两旁配有小厅，还有天井，中有六合门扇。再进是游亭和走廊。进后厅两旁有客房两间。最后是花园，四时花香扑鼻。

江西会馆有祭祀田，由本地江西人捐赠建立，一年所收租息，作屋宇检盖费用。

第二章
古院落

　　祁阳县古院落较多，规模较大。经县住建、文化部门摸底申报，到 2017 年底，全县申报中国传统村落 28 个。至 2018 年 12 月，已列入住建部中国传统村落名录的有：潘市镇龙溪村、大忠桥镇蔗塘村、肖家镇九泥村、进宝塘镇陈朝村、下马渡镇元家庙村等共 14 个村。另有八宝镇泥塘村、白水镇竹山村等省级文化名村 7 个。另外还有观音滩镇夏乐村九房院、黄泥塘镇九洲李家大院、石洞源乡大岭下村双源堂新屋院等 28 处具有一定规模和保护价值的古院落。

第一节　列入中国传统村落名录的院落

1. 潘市镇龙溪村李家大院

　　龙溪村李家大院位于祁阳县潘市镇龙溪村象牙山脚下，距衡昆高速公路出口 1500 米，系全国重点文物保护单位，中国传统村落，中国历史文化名村。始建于明弘治十一年（1498），历经八十余年陆续营建，至明万历十年（1583）才全部建成，是目前永州乃至

龙溪村李家大院

龙溪村李家大院（县住建局村镇办提供）

湘南年代久远、保存完好、规模最大的古民居。此院落为李姓先祖李文敬创建。李文敬生应聪、应伦二子，应聪生四子，应伦生五子，共九房。现存院落即为李文敬二子九孙所创建之家业。

　　大院原由老屋院、吊竹院、上院、下院和品字书屋组成。现存的李家大院仅指上院、下院和李氏宗祠，占地面积 23792 平方米，建筑面积 7100 平方米。整个大院是一个相互联系的整体，有游亭、巷道或阶檐相通。大院有房屋 48 栋，整个建筑雕梁画栋，古香古色，溪桥流水，天人合一。经过时间的侵袭，至今保存完好的房屋尚有 36 栋，游亭 17 座，大厅 36 间。所有房屋

龙溪村李家大院

地面都铺以方形青砖，且少有破损。尤为精致的是1200多个花窗和150多个柱凳，有花鸟虫鱼，有戏剧人物，构图精美，形象逼真，雕刻工艺叹为观止。最有特色的是它的木雕梅花错（又称冰凌梅花格）、石雕摇钱树，在国内亦属罕见。宗祠内地面都是用青砖铺设，梁柱用材粗大，柱础多为石质，木柱多为古树所制。更让人称奇的是那四通八达的地下排水系统，栋与栋之间设有天井，有下水道装置，无论雨水多大，看不到积水，雨停即干。院落横屋与正屋布局合理，讲究通风透气，无论院外多热，置身其中，顿感凉爽宜人。正因为此，该院落构件才免遭腐朽，历久如新。远观大院，整个建筑全是翘角飞檐，给人以展翅欲飞的动感。

由于龙溪村李家大院古建筑群具有独特的历史文化底蕴和文物价值，2006年被湖南省人民政府公布为省级文物保护单位；2007年7月被湖南省旅游局批准为省级农业旅游示范点；2010年7月被建设部、文化部公布为第五批中国历史文化名村；2010年被评定为国家三A级景区；2013年被评为

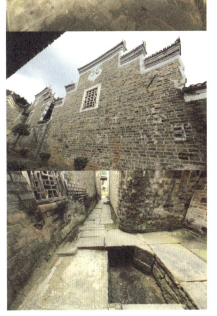

龙溪村李家大院

龙溪村李家大院   龙溪村李家大院花窗

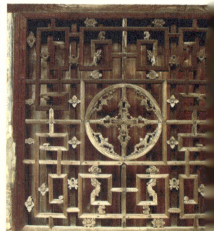

龙溪村李家大院石雕和花窗

全国重点文物保护单位；2014 年被公布为中国传统村落保护与利用示范村；
2015 年 1 月被住建部批准正式列入中国传统村落名录。

2. 观音滩镇八尺村传统村落

　　观音滩镇八尺村传统院落由吴家大院、刘家大院和胡家大院组成，系中国传统村落、湖南省历史文化名村。"两岸三片隔河望，四山两水抱良田"是八尺村的空间格局。

　　吴家大院总面积 2.14 万平方米。为明朝初古民居建筑群，始建于明万历三十六年（1608），经过吴家子孙 170 余年拓建而成。吴家大院正堂屋一排有游亭 8 个，大游亭 3 个，房屋 482 间，通道 2 个贯穿整个院内，过亭 10 个，八字槽门 4 处，耳门 3 处，污水通道 1500 米。院内正堂屋用于接待客人和家族聚会，槽门屋、门屋、游亭、花厅、绣楼、后房、厢房、杂屋、佃房，与天井相连，通风采光良好。室内地板为青砖，院内块石铺垫，有条石阶檐和护坡。

八尺村吴家大院（县住建局村镇办提供）

八尺村吴家大院

八尺村吴家大院

八尺村刘家大院槽门

八尺村刘家大院侧门

八尺村吴家大院花窗

八尺村胡家大院

　　刘家大院坐落于八尺村鸭婆洲中心位置，为清朝古民居建筑群，始建于清乾隆年间（1740—1751），历时 11 年，原为三横三纵式样。

　　胡家大院坐落于八尺村鸭婆洲尾部，为清朝古民居建筑群，建于清道光年间（1821—1850），式样与刘家大院有所不同。

　　八尺村文物古迹与文化遗产较多，且保存完好。文物有木板梯、瓷鼓凳、石板地漏、精美雕窗、雕花床、石雕、古青石梯、烘火笼等。

蔗塘村李家大院

3. 大忠桥镇蔗塘村李家大院

蔗塘村位于大忠桥镇南面，系中国传统村落、湖南省历史文化名村。蔗塘的名称由来已久，据传说，从前在村荷花塘塘基上长有一棵参天古枧棘树。当时人们就以此树命名为枧塘，后依其谐音改名蔗塘。

蔗塘村李家大院占地面积 13300 平方米，总建筑面积 7500 平方米。有正屋 18 栋，横堂屋 48 间，18 个游亭，共计大小房屋 108 间。大院设计科学合理，装修典雅大方。按四合院设计，正厅 3 间，中央为堂屋与天井相

蔗塘村李家大院
（县住建局村镇办提供）

蔗塘村李家大院

蔗塘村李家大院

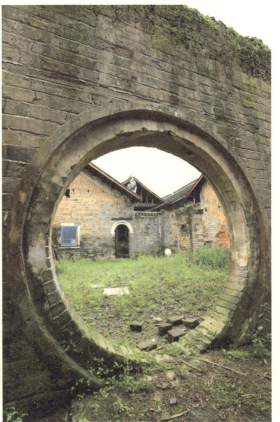

连，通风采光良好。室内用青砖作地板，院坪用河卵石铺垫，摆设成各类鸟兽图案，条石阶檐，暗沟排水，雨过即干。房屋结构紧凑，院落建有大小八字槽门各一个，各种人物花鸟野兽鱼虫，在花窗、石柱、石墩、大门、牌坊、出挑上刻画得栩栩如生。

因时光的磨蚀和"文革"时期的摧毁，以及文物盗窃分子的盗卖，该院文物古迹遭受到不同程度的破坏。但仍具有珍贵的历史文化价值。

蔗塘地灵人杰。中华人民共和国成立前，先后诞生了6名黄埔军校生。其中李仲屏（又名李楚藩）时任国民军宪兵司令部副司令员，中将军衔。

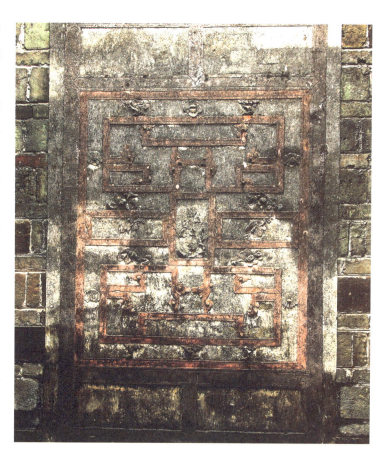

蔗塘村李家大院

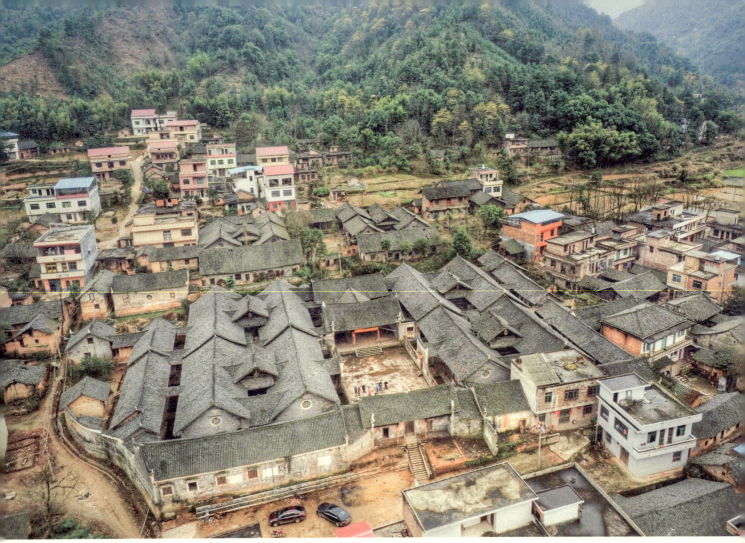

双凤村郭家大院（县住建局村镇办提供）

4. 大忠桥镇双凤村郭家大院

　　双凤村曾叫石桥头、碧云村，系中国传统村落、湖南省历史文化名村。郭子仪的后裔辛二公在双凤村落居。其第 11 代嗣孙郭子春于明崇祯十年（1637），斥巨资首修老屋大院 7000 多平方米，后又经历郭氏 11 代人的续建，始成规模。院落计有正堂屋 18 栋，横堂屋 48 间，8 个游亭，共计大

双凤村郭家大院侧门

双凤村郭家大院小巷

双凤村郭家大院

小房屋 600 余间，总建筑面积 1.4 万平方米，占地约 4 万平方米。从而形成集郭氏上屋院、新屋院、下屋院、郭氏宗祠、书房于一体的古建筑群落。现存古建筑面积 1 万平方米。院落内部设计和谐、典雅、大方，其中最具典型性和代表性的贴金木雕刻，至今保存完整。村内的古演武场、洞宾禅院、古道、石床、古树、诗词碑墙等历史环境要素与郭家大院古建筑群共同构建了传统村落历史氛围。

双凤村历史建筑风格独特，郭家大院形如"凤凰展翅"，由六纵六横的四合大院组成。门前"洞宾"溪水缠玉带，后山碧翠双峰绕白云，更有"双凤朝阳"美景。该村文物古迹较多，有洞宾祠院、八房祠堂和郭氏宗祠等。

双凤村郭家大院浮雕和花窗

　　双凤村地灵人杰，历史名人众多。辛二公之子孙均有获进士者，郭子敬为三品武官。清国子监郭上柳，全家子、婿、孙共有48位绅士。儿郭士仰，进士。郭秀卿，五品知衔，地方人称他一家有"二龙九虎十三豹"。村里先后有太学生和黄埔军校一期学生多人。

双凤村郭家大院浮雕

双凤村郭家大院浮雕

九泥村邓家大院（县住建局村镇办提供）

5. 肖家镇九泥村邓家大院

肖家镇九泥村位于祁阳县东南面，系中国传统村落、湖南省历史文化名

村。距离县城40多
千米。

明朝朱元璋亲
信邓志良入湘南剿
匪后在此隐居。九
泥村邓家大院为邓
志良后裔邓正多父
子所建，至今有
500多年历史。建
筑面积1万多平方
米，至今仍有不少
族人在古院落居住。

九泥村邓家大院

九泥村邓家大院

九泥村邓家大院

现存古建筑群总体格局完整，纵横有序，建筑风格独具特色。层楼叠院，错落有致，气势恢宏；勾头滴水别具一格，院内外排水沟畅通无阻；内八字外八字槽门，威严庄重；雕梁画栋，精美别致，具有较高的历史价值。九泥村文物古迹与文化遗产较多，木板梯、瓷鼓凳、石板地漏、吊脚楼、精美雕窗、雕花床、石雕、古青石梯、烘火笼等文物仍保存完好。

九泥村邓家大院壁画蝙蝠图案（喻意"福"）　　　　　九泥村邓家大院浮雕奔鹿（喻意"禄"）

　　邓氏家族人才辈出：邓志良，生于明洪武年间（1368—1398），被封为荣禄大夫，且赐予"尚方宝剑"一把；邓正多，生于清乾隆二十五年（1760），进士；邓有治，生于清道光七年（1828），翰林院士；邓其泊，生于清咸丰六年（1856），湖北巡检；邓先山，1965年9月出生，首都国际机场党委副书记。

九泥村邓家大院花窗　　　　　　　　　　九泥村邓家大院

新朝村陈朝冲大院（县住建局村镇办提供）

6. 进宝塘镇新朝村陈朝冲大院

　　陈朝冲大院坐落在进宝塘镇新朝村，系中国传统村落、湖南省历史文化名村。原是陈姓财主的庄园，为清代早期古建筑群，始建于清乾隆十一年（1768）。据族谱记载，有本支刘氏始祖刘二公，先从江西搬迁至井公塘，再从井公塘搬迁来此定居。刘士植是刘二公第六代孙。刘士植初建中心院，后经多代子孙扩建，从而形成了集陈朝冲大院和刘氏书院于一体的古建筑群。

　　陈朝冲大院共计有正堂屋 26 间，横堂屋四十余间，6 个游亭，大小杂屋 500 余间，总建筑面积 3 万余平方米。现大院整体基本完整，

新朝村陈朝冲大院宅门

新朝村陈朝冲大院

新朝村陈朝冲大院

新朝村陈朝冲大院

新朝村陈朝冲大院

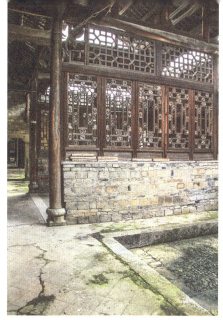

新朝村陈朝冲大院

内部设计完美、典雅、大方，装饰精巧玲珑，彩绘雕刻丰富，各种名人典故、花鸟、野兽、鱼虫在花窗、石柱、石墩上栩栩如生。至今保存着木板梯、瓷鼓凳、石板地漏、精美雕窗、雕花床、石雕等具有研究价值的重要历史文物。

陈朝村人才辈出，如清咸丰年间（1851—1861）进士刘华南，抗美援朝炮兵连连长刘华林，20世纪80年代天津市纪委书记刘星发，解放军报社总编刘汉杰。

新朝村陈朝冲大院
木雕

枫梓塘村王家大院

7. 进宝塘镇枫梓塘村王家大院

　　枫梓塘村位于进宝塘镇，系中国传统村落、湖南省历史文化名村。村前大塘边长有枫树和梓树，故而得名。枫梓塘王家大院建于清朝乾隆十五年至二十五年间（1750—1760），从建院至今已历承 12 代，260 余年。

　　王家大院属枫梓塘村，大院背靠大、小青阳山，左有金堂山，右有张家山，三山合抱，因形命名，曰"凤凰归巢"。枫梓塘村文物古迹与文化遗产较多，且保存完好。文物有：木板梯、瓷鼓凳、石板地漏、吊脚楼、精美雕窗、雕花床、石雕、古青石梯、烘火笼等。古迹有传统建筑群、古井等。

枫梓塘村王家大院

　　王家大院（包括唐家院），由一个主院、四个别院组成，占地面积约 8 万平方米。院内建筑分为槽门屋、正厅、

枫梓塘村王家大院

第二章　古院落

堂屋、游亭、花厅、绣楼、后房、厢房、杂屋等。正厅三间，中央为正堂屋，屋内地板均为青磨砖。院内地坪用块石铺垫，条石阶檐，暗沟排水，雨过即干。房屋结构紧凑，每个院落均建有条石八字槽门、耳门，四周有2米多高的院墙。游亭翘角、天井、花窗、大门、牌坊窗棂之木雕、墙壁、地板、彩绘、泥塑嵌图，题材丰富、构图优美、工艺精湛。

王家大院历代人才辈出，文有进士及第的永守公，书法家师古公；武有王代公夫妇、二秀才等。王家祖辈留有的两句话"一院四才俊，文武冠八乡"，就是王家大院人杰地灵的生动写照。

枫梓塘村王家大院

枫梓塘村王家大院

枫梓塘村王家大院

枫梓塘村王家大院木雕

泉口村张家大院（具住建局村镇办提供）

8. 羊角塘镇泉口村张家大院

泉口村因张家大院建于泉井口边上而得名，系中国传统村落、湖南省历史文化名村。泉口村张家大院始建于明万历年间（1573—1620），以我国宋代著名的理学大师张栻之后裔张万隆为始祖迁移定居泉口，历经25代人续建而成。

张家大院由四房大屋院、老屋院、门前院、新屋院、上千田院、下千田院、八字槽门院和果华宗祠组成。四房大屋院属典型的湘南明清建筑，中央建有两排堂屋，分为前堂屋和正堂屋。大院主建筑均采用砖木混合结构，游亭采用木榫结构，游亭的四角有飞檐翘角，四周画有壁画。大院的地下建有四通八达的排水系统，至今保存完好。大院的建筑材料，以青砖、青瓦、青石板和杉木为

泉口村张家大院

泉口村张家大院正堂屋——百忍堂

主。大院虽历经数百年，主体建筑至今完好无损。由于张氏先辈有四兄弟，先辈们在建房规划时，以堂屋为中轴将宅基地分为四块向两边对称排列，各建有四排厢房。各房的厢房中部都建有横堂屋，横堂屋之间均建有游亭相连。厢房每隔两间房屋之间留有行人巷子。每两排厢房之间建有青石板铺成的天井。整个四房大屋院连成了一个整体。四周建有围墙，开有槽门。

泉口村张家大院的右侧有一泉水名叫大井，在大井边上耸立着一株参天的古樟树，树高20余米，树围达6米多，树冠覆盖达600平方米。此樟树在祁阳县志中有记载，据考证已有近千年的历史。

泉口村张家大院

泉口村张家大院

董家埠村汪家大院槽门

9. 潘市镇董家埠村汪家大院

　　汪家大院古民居建筑群始建于明朝万历三十六年（1608），历时170余年，至清朝乾隆四十五年（1780）基本落成，系中国传统村落、湖南省历史文化名村。有房屋583间，整个设计典雅大方、和谐端庄。院内正堂屋、槽门屋、门屋、游亭、花厅、绣楼、后房、厢房、杂屋、佃房，与天井相连。正堂屋雄伟典雅，晒坪平整宽敞。以正堂屋为中轴线，两侧各有一条通道，贯通全院每个角落。院内除正大门

董家埠村汪家大院

董家埠村汪家大院

外，还有五扇侧门，遇到紧急情况，六门紧闭，整个大院自成一体，具备很好的避险和自卫功能。院内通风采光良好，室内为青砖地板，院内块石铺垫，有条石阶檐和护坡。全院装饰精巧、细腻，雕梁画栋。

汪氏家族崇尚中华传统文化，读书风气甚浓。据族谱记载，仅清末，被御封为太学生、进士的汪氏子孙共有 14 人。

董家埠村汪家大院

董家埠村汪家大院

董家埠村汪家大院

八角岭村邓家大院

10. 潘市镇八角岭村传统村落

八角岭村由原老司里、毛家埠、八角岭三个村合并而成，系中国传统村落、湖南省历史文化名村。由邓家、李家、王家等大院组成。

邓家大院，元至大四年（1311），邓氏始祖建房定居老屋岭；元延祐元年（1314），元朝政府在现杨泗庙邻近设辖司机构，专管白水至常宁河洲水运，故名老司里。老司里因地形独特，又是水上交通要塞，历来是兵家必争之地。

八角岭村邓家大院

八角岭村邓家大院

八角岭村邓家大院　　　　　　　　　　　　八角岭村邓家大院

八角岭村李家大院

　　八角岭李家大院、王家大院建于清朝中期。李家大院砖木结构，四正四横，纵横有序；檐角飞翘，势息恢宏；门窗梁架，雕刻精美；铁门石窗，壁画鲜明生动。院内有 20 根三尺多高的大柱，柱下垫有雕花刻龙的石墩，围墙壁垒森严，二战时遭日本枪击和轰炸后依然屹立不倒。

八角岭村李家大院

八角岭村李家大院宅门

八角岭村李家大院正堂屋

八角岭村李家大院侧门　　　八角岭村李家大院游亭　　　八角岭村李家大院木雕

八角岭村王家大院（县住建局村镇办提供）

　　王家大院，由白水沙子岭商人王成子迁入此地所建。院落为砖木结构，二正四横，加八字槽门形成四合院，婚庆红白喜事可容几十桌酒席。四合院由 16 根大柱顶立，垫有雕花石墩，条石阶台，石级码头，槽门两边的石头刻有飞鸟麒麟，墙上画有山水花卉，飞檐翘角，十分庄严宏伟。

八角岭村王家大院宅门

八角岭村王家大院地下排水口　　　　　　　八角岭村王家大院室内青石铺就的地板

八角岭村王家大院石雕

侧树坪村杨家大院

11. 潘市镇侧树坪村杨家大院

　　侧树坪村距祁阳县城20千米，系中国传统村落、湖南省历史文化名村、市级文物保护单位，曾是原下七渡乡的政治、文化和经济中心。

　　侧树坪村建筑群始建于明末，盛成于清末。由鳌鱼头院、杨氏宗祠、老屋院、新屋院、四房院和大塘角院组成。占地面积约14万平方米，古建筑面积达30000平方米。

侧树坪村杨家大院大塘角院宅门

　　大塘角院落成于清同治十三年（1874）。由清咸丰辛亥举人杨成林（字逢源）之弟、十六世祖清例贡生杨成己率嗣子杨大超、杨大吕、杨大共所建。宅院槽门的前方有一口水面十余亩的大塘，原大塘的东北部形似尖角状，直伸至槽门的北侧，院落因此而得名。宅院坐东朝西，东西纵深达80余米，纵向排列的厢房以横堂屋相隔；南北横长180余米，横向排列的厢

侧树坪村杨家大院宅门

侧树坪村杨家大院

房以游亭和横堂屋相连；整院有房屋 300 间，建筑面积达 11000 平方米。从祁山俯视，大塘角院犹如一只大蝙蝠，寓意着"遍地是福"。

四房院建于清光绪三十三年（1907），由杨成林堂兄弟、十六世祖杨成邑之四个儿子杨大岳、杨大僚、杨大栩、杨大步共建。因杨成邑生有九子，其中四个儿子从老宅迁出建此新院，故名四房院。

老屋院落成于清宣统元年（1909），由十一世祖前清举人杨正开后嗣杨大菊、杨大岩兄弟合建。新屋院由杨大菊之子杨用蔚、杨用样、杨用柳、杨用槎、杨用楼、杨用桂、杨用枱于民国十八年（1929）合建。

鳌鱼头院分为东、西两院，西院紧邻杨氏宗祠的东侧。因院紧邻宗祠左

侧树坪村杨家大院木雕

边的功名桅旗台，故取名鳌鱼头院。

　　侧树坪村盛行诗书之风。据不完全统计，仅清末，有进士 1 人、举人 3 人、贡监生 5 人、太学生 52 人、奉政大夫 6 人、登仕郎 4 人、副学生 3 人、邑郡廪庠生 21 人。废科举后，读书之人仍层出不穷。杨著诚留学日本，也加入过同盟会，归国后成为中国著名的园艺专家。杨知行，北京大学电子工程系教授、北京数字电视国家工程实验室主任，已申请发明专利 46 项，发表论文 243 篇。

侧树坪村杨家大院正堂屋的书法

12. 潘市镇柏家村柏家大院

柏家村柏家大院（县住建局村镇办提供）

柏家大院坐落在潘市镇柏家村，系中国传统村落、湖南省历史文化名村，背靠祁山山脉，面临碧澄湘江，是集散经营木材的理想场所和商贸要道。

该大院为明末清初古民居建筑群，始建于明崇祯十五年（1642）。柏氏十一世祖柏开贤、柏开美兄弟从祁阳茅竹镇贵福井柏家搬至马鞍岭定居。柏定干是柏开贤第六代嗣孙，斥巨资首修老屋大院7000多平方米，后又经历柏氏一族十一代人的续建，始成规模。院落计有正堂屋、横堂屋、游亭，大小房屋700余间，总建筑面积1.5万平方米，占地14万平方米。形成集柏氏老屋院、新屋院、后头院、上院、柏氏宗祠、书房等于一体的古建筑群落。为县级文物保护单位。

柏家村柏家大院

柏家村柏家大院

柏家村柏家大院

柏家村柏家大院

　　大院设计完善，典雅大方，装饰精巧，雕绘丰富，花鸟鱼虫，栩栩如生，人物故事，回味无穷。

　　柏氏家族人才辈出，有清乾隆三品武官柏定吉，广西全州县令柏宁清，国民党少将柏岳等名人。

　　国民党第六伤兵休养院于1937年10月进驻，1942年秋迁往湘西芷江。中国科学院中南分院第六昆虫研究所于1965年进驻，1966年迁往四川绵阳。

柏家村柏家大院正堂屋前"摇钱树"石雕

柏家村柏家大院花窗

浮雕蝙蝠喻意"福"

浮雕鹿喻意"禄"

浮雕鹤喻意"寿"

云腾村宋正冲

13. 七里桥镇云腾村宋正冲院落

　　云腾村宋正冲是原马颈坳村深山一条街，系中国传统村落、湖南省历史文化名村。该村落依两山，傍小溪，留有通道，近似街道，故名"深山一条街"，于明朝万历中期初建。陶铸之父陶铁铮，在此避过难。

云腾村宋正冲

　　深山一条街的吊脚楼为板筑土墙屋，板筑土墙屋是南方山区特有的建筑技术。用黏土筑墙，墙厚达 0.4 米，有的高达 10 米。建筑土墙屋的模具叫墙板。一套墙板分两个大块杉木做成的板块、一个狮子头、五六个地箍牛和四个夹板。板筑土墙屋一般为两层。第二层有的旁出吊楼，这在祁阳叫"晒楼"。也有在

云腾村宋正冲

前后顺墙装有吊楼，此种叫"走马楼"，造价较高。深山一条街的板筑土墙屋，多数有吊楼，故又名吊脚楼。现在还保存完好。

　　深山一条街在抗日战争时期，由于地处深山，交通不便，日寇难以发现，作为理想的避难场所，曾收留过上千名难民。

云腾村宋正冲

云腾村宋正冲

云腾村宋正冲

14. 下马渡镇元家庙村刘家大院

元家庙村，系中国传统村落、湖南省历史文化名村。该院原为袁姓人居住，因古时建有袁家庙而得名。明朝年间，刘姓自江西迁移至此，刘袁两姓杂居。后袁姓没落，刘姓逐渐占居主导地位，于是将"袁"改写为"元"，叫元家庙村。

元家庙村刘家大院宅门一

刘家大院分为顺庆堂、森玉堂、聚星堂三部分。大院建筑墙身高，气势磅礴。院内包括门屋、正厅、堂屋等共 480 余间。正厅 3 间与天井相连，通风采光良好。室内为青砖地板，院坪块石铺垫，条石阶檐，暗沟排水，雨过即干。花窗、牌坊、窗棂的木雕和彩绘，造型逼真，雕刻细腻。

元家庙村文物古迹与文化遗产较多，且保存完好。文物有：木板梯、瓷鼓凳、石板地漏、精美雕窗、雕花床、石雕、古青石梯、烘火笼等。古遗迹有：吊脚楼，森玉堂、顺庆堂、聚星堂三大传统建筑群，还有千年古槐、古井、古桥、水阁凉亭等。元家庙村现存的非物质文化遗产非常丰富，包括具有本地特色的

元家庙村刘家大院宅门二

元家庙村刘家大院

元家庙村刘家大院壁画

元家庙村刘家大院飞檐翘角

荷花宴。

刘家历代人才辈出，家业兴旺。顺庆堂大门口曾挂着一幅匾，上面书写："刘皎大人，湖南省政加三级，跨十八匹马"。刘普施，清乾隆二十八年（1763）至清嘉庆二十三年（1818）太学士。乾隆皇帝下江南时曾赠送给刘普施纸扇一把，在刘普施殡葬时放入墓中。现存有御扇拓片，具有较高的文物历史价值。刘普施田多粮多，于是修建了刘家湾仓库，一直沿用到今天。

元家庙村刘家大院木雕

元家庙村刘家大院石雕

元家庙村刘家大院石雕

第二节　列入湖南省历史文化名村的院落

泥塘村三益大院（县住建局村镇办提供）

1. 八宝镇泥塘村三益大院

　　泥塘村三益大院坐落在八宝镇东面，系湖南省历史文化名村。大院由黄三益建于清乾隆二十七年（1762）。后又经其两个儿子续建，始成规模。老宅东西长130米，南北宽50米，占地面积约6500平方米。建筑格局为：两栋正房，中有游亭。六栋横屋，东面上横屋有游亭，西面下横屋有游亭；正屋与横屋之间，正屋与正屋之间，横屋与横屋之间都有天池相连。整个大院走廊东西相通，屋宇南北相连。正屋前有一个占地约两亩的大操坪，全院被院墙围成整体。现存古屋有：门楼两层，两栋横屋16间，中间夹有两个天池和两个游亭。东面下栋横屋和南面上栋横屋对称，各有房屋4间，前檐各有4根直径约40厘米的

泥塘村三益大院宅门

泥塘村三益大院正房

泥塘村三益大院

泥塘村三益大院壁画、浮雕

圆木柱子，底座为圆石，上面亦雕凿花卉图形。整个大院阶基全以条石和青砖铺砌，天池也全部青砖铺砌。三益大院历史名人很多，主要有：黄乾庭，晚清、民国时期名人，民国时期，历任祁阳县教育会长、旅鄂木商会会长等职，率先在黄市开办群英小学，为白水以南第一所完全小学；黄克权、黄中斌，黄埔军校毕业；黄履常，中共党员，地下工作者，曾任祁阳县凉席工会会长、县总工会委员、祁阳县委财务委员，1927 年 7 月 4 日被反动派杀害，中华人民共和国成立后被追认为烈士。

泥塘村三益大院木雕

泥塘村三益大院木雕

泥塘村三益大院木雕

竹山村王家大院（县住建局村镇办提供）

2. 白水镇竹山村王家大院

竹山村位于白水镇，系全国文明村、湖南省历史文化名村。中华人民共和国成立前，境内满山都是毛竹，故名竹山。该村灰冲王家大院，始建于清道光十四年（1834），规模宏大，条石基础，青砖灰瓦，总体格局完整，纵横有序。天井走廊，空间得体；砖木结构的房屋，鳞次栉比，层楼叠院，错落有致；檐角飞翘，气势恢宏；勾头滴水别具一格，院内院外排水沟浑然天成；北方四合院与南方天井院建筑风格融为一体，且有内八字和外八字槽门，门窗梁架雕刻精美别致，具有较高历史价值与文化艺术价值。

2010 年，该村招商引资 500 万元，将大院修建成集观光、餐饮、休闲、娱乐、垂钓为一体的五星级乡村旅游示范点——竹山雅苑，年接待能力达 30 万人

竹山村王家大院

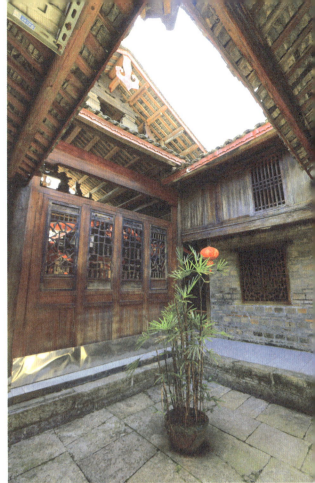

竹山村王家大院

次。现已跻身全省特色旅游名村行列的竹山村，社会主
义、物质文明、精神文明建设与社会主义和谐社会建设
协调发展。先后荣获了"湖南省生态示范村""湖南省
文明村""湖南省新农村建设示范村""湖南省特色旅游
名村""全国综治维稳模范村""全国文明村"等荣誉
称号。

竹山村王家大院

竹山村王家大院

二居委会张家大院宅门

3. 羊角塘镇二居委会张家大院

　　羊角塘镇二居委会张家大院，系湖南省历史文化名村，居羊角塘镇中心地段，由张氏先祖张才榕于 1846 年开始筹建，1856 年竣工。

　　张家大院距今 170 多年，基本保存完好。张才榕系封建朝廷官吏，权倾一方，其子张鸿磐继承张家大院。

　　张家大院前八字槽门上方有一块青石匾额嵌于墙壁，上刻"诰封大夫第"几个颜体大字；槽门石框内刻有楹联"四面云山开眼界，九天雨露灌心田"；槽门左右两边各有一条用青石条砌成的院墙，院墙雄伟壮观；槽门前是一个青石铺成的面积为 200 平方米的月台。院墙右边有一口池塘，池塘中有一口古井，井水清冽甘甜。

　　大院以正堂屋为中心，左右两边横塘屋、天井相连，户户相通。院内原有房屋 30 多栋，现仅存 20 余栋房屋、16 个大柱基和 40 余个雕花窗户。每个柱基都是八鼓圆石，雕刻着各种各样的动物、花草，构

二居委会张家大院院前池塘、水井

二居委会张家大院

图精美，形象逼真。40余个窗户均雕刻小动物图案，飞翘的屋檐上雕刻两对遥遥相望的飞龙，栩栩如生。大院所有房屋均采用青砖砌墙，青瓦遮面。整个院落错落有致。

张家大院文化底蕴深厚，名人辈出。张宜僑、张惠仁两兄弟系清朝武秀才；张文峰曾任国民革命军团长；张竹生、张莹生在1942年参加远征军，担任营长。

二居委会张家大院石雕和花窗

石峡洲村李家大院（县住建局村镇办提供）

4. 潘市镇石峡洲村李家大院

石峡洲村被湘江主干拥抱，形成一个孤岛，因洲头湘江河中有"乃仔石"和"妹姬石"，这两块巨石挡住湘江河水，迫使其改道，小洲在两石夹缝中冲击而成，故名"石峡洲"。石峡洲村系湖南省历史文化名村。

全村面积约4平方千米，地势平坦，土壤肥沃，盛产柑橘、油菜、甘蔗等经济作物。自古至今是祁阳的富裕村。

该村古建筑院落群，坐落在洲尾，原名为老屋院。元末明初，李氏和陈

石峡洲村李家大院

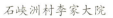
石峡洲村李家大院

石峡洲村李家大院木雕

氏家族迁居于此，以放排为生。发家致富后，修建了老屋院子。清道光年间
（1821—1850），李氏后人李家德扩建了老屋院。扩建后有 5 个四合院，整个
古建筑群呈"L"型，面积约 4 万平方米。每个四合院有正槽门、正堂屋、
客房。四合院由走廊、游亭相连。窗户上刻有花鸟鱼虫。屋顶盖着青瓦，屋
脊两端有飞檐，房屋之间由天井隔开。四合院内地板全部铺满青砖，一直延
伸到大河边。大河边修有一条青石铺陈的大码头，码头直通大堂屋。堂屋门
前有两个大木圆柱，横梁上有龙凤麒麟等吉祥物。

　　1928 年，陶铸参加革命失败后被通缉，从白水绕道石峡洲渡口，在该
村村民的掩护下，回到石洞源老家。

石峡洲村李家大院木雕

龙江村传统院落（县住建局村镇办提供）

5. 潘市镇龙江村传统院落

龙江村传统院落距潘市镇 10 千米，系湖南省历史文化名村。龙江村古名龙皇村，也称龙江埠，原有贺、夏两姓居住，后其他姓氏陆续搬入。清嘉庆二十年（1815），李姓家族李正业、李正时先后在湘江边上修建了李家老屋院和新屋院，随后陆氏、柏氏家族也在下游修建了"一"字形院落。

李氏新、老院落占地面积 1.4 万平方米，陆氏、柏氏、贺氏、夏氏院落占地面积 1.8 万平方米。正屋、正堂屋、侧屋、侧堂屋、槽门、侧槽门、横堂屋、前堂屋、后堂屋，成"一"字形沿江而建。中间有游厅，依次扩建一重、二重还有三重横堂屋，堂屋与堂屋之间、住房与住房之间都有设计优美的

龙江村传统院落

龙江村传统院落二楼铺设的地板砖

吊檐相连。另有古色古香的木绣花楼。绣楼的另一面是书房，整个院落群都由青四方砖铺地板，青长方砖砌主体，砖与砖之间用石灰、桐油、糯米粉调白瓷灰勾缝，美观而且坚固。钩檐下有精美的绘图，横梁上木刻吉祥物活灵活现，雕花床上的花、鸟、狮子栩栩如生，有的还保存了部分"金"水喷制的图形，象征着当时主人的富有。

龙江村传统院落

龙江村传统院落

龙江村传统院落

龙江村传统院落

古形村传统院落（县住建局村镇办提供）

6. 潘市镇古形村传统院落

古形村传统院落东邻潘市衡枣高速公路互通，西邻陶铸故居石洞源4千米，水渠穿流而过，南望湘江，系湖南省历史文化名村。

古形村刘家大院地处祁山山脉的山脚下，像一把"太师椅"，与离此两千米的一代伟人陶铸出生的故居"群龙会聚""黄龙出洞"地遥相呼应，再上至挂榜山。

刘家大院建于明朝，占地39000平方米，建筑25308平方米。刘氏祖先刘思乐从江西吉安县来湖南做木商生意，看中此地建居置田。刘家大院建筑结构典雅，工艺气势恢宏，石柱、狮子、牌坊、花鸟虫鱼，雕刻神化。大院有正房19栋53间，厢房4栋23间，

古形村传统院落

古形村传统院落槽门

古形村传统院落

私塾书院1栋3套间，游亭4座，各堂屋9
座，戏台赏月楼1栋3套间；设高清静室，
夏日避暑，冬日避寒；粮仓5座。大院围墙
森严，院内巷道与各大游亭及大院正堂屋东
西连接，南北相通，天池水道，巡流通畅。

古形村传统院落木雕和花窗

古形村传统院落

7. 七里桥镇宝旺村田家大院

田家大院位于太白峰山脚下，系湖南省历史文化名村。大院四季绿水环抱，系兰臣公嗣孙居住地。据谱书记载，清道光二年（1822）廷桂公与叔世文公谋创共建正横屋前厅六七座，清道光二十四年（1844）谋创又建后横屋及上下排房5座，规模宏大，制造精工，雕梁画栋，设计周详。大院前凿有两口大塘，绿水明镜映照千秋，四周围墙高禁，院内风光无限。院落占地面积2万平方米，村边有杨家桥，古老青石板路从院旁通过。

大院文物古迹较多，有古石桥、古井、古樟树、古石围子、古青石板路（其中一块石板中间有一个老铜钱式样的圆圈）。院前有石围子，（清代

旺村田家大院

宝旺村田家大院

朝廷最高学府，国子监结业生，朝廷钦赐树立石围子，以表旌嘉奖）清朝时期，文官路过此石围，要下轿施礼。

田家大院兴教崇学，名人辈出。清道光岁贡生田荣黻，附贡生田昌善、田昌炽，太学生田荣俊、田昌益、田昌治、田昌汉、田昌淮、田昌泗、田昌汝。

大革命时期，王首道来到该院，领导过农民运动。

宝旺村田家大院

宝旺村田家大院

第三节　列入祁阳县重点保护的院落

夏乐村九房院

1. 观音滩镇夏乐村九房院

　　九房院由唐姓九房后裔所建，故名九房院。

　　九房院是古夏亦町开派，由唐炳星、唐雄星两兄弟于 1902 年共建，占地面积 15000 平方米，建筑面积 8000 平方米。大院建筑雄伟，通风较好，室内由青砖到顶，地板为青砖铺垫，院坪由石板条铺之，院内包括正厅、堂屋、游亭、后房、厢房、杂屋，窗棂之木雕工艺精湛、雕刻精细，柱子由石鼓作基，具有典型湘南建筑特色。

夏乐村九房院

夏乐村九房院

団胜村鹅公冲邓家大院

2. 观音滩镇团胜村鹅公冲邓家大院

鹅公冲邓家大院坐落于观音滩镇团胜村。首建者思荣，字显和，清康熙四年（1665）十一月生。其子大允二十四岁时随父从麻地里搬至此地定居。因屋后古木参天，山势雄伟，山后有十多米高的石鹅一对，故名鹅公冲。显和于清乾隆八年（1743）修建正堂屋，命名宁远堂，其弟思华字国和，修建致远堂。

鹅公冲不仅风景优美，而且人才辈出。清道光八年（1828）以来，邓氏十五代传人世范，发家致富，建成了气势雄伟的邓家

団胜村鹅公冲邓家大院

团胜村鹅公冲邓家大院

大院。建筑从设计到装修都独具特色，雕龙画凤，栩栩如生，在当时闻名百里。

　　鹅公冲人财两旺。清朝的银汉公（世范三子），被皇上多次封官。先后共有太学生、邑庠生数十名。现在该院有硕士研究生数十名。

团胜村鹅公冲邓家大院窗花

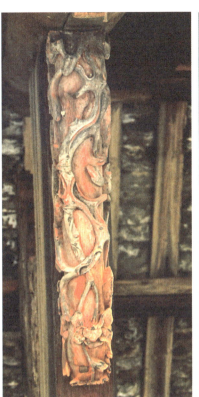

团胜村鹅公冲邓家大院木雕

团胜村鹅公冲邓家大院木雕

沿沽村新屋院

3. 观音滩镇沿沽村新屋院

　　观音滩镇沿沽村云峰一组新屋院古院落，又叫觉宪院。坐落于金紫岭山脚，始建于民国十六年（1927），经唐氏二到三代子孙拓建而成，面积达3000平方米。其建筑结构合理，装修色彩艳丽，墙上的墙画部分保存完好，所画蝴蝶栩栩如生，颜色鲜艳，历经百余年而不变色。该院落旁有古井两

沿沽村新屋院

沿沽村新屋院

口，能供应全村饮用水。该村名人有唐必忠，官居京内三品；唐家驹，生于1893年，曾任国民政府交警十六总队队长，少将军衔。

沿沽村新屋院

沿沽村新屋院壁画

沿沽村新屋院浮雕、壁画   沿沽村新屋院

三合村吴家院子

4. 观音滩镇三合村吴家院子

　　吴家院子坐落于观音滩镇三合村四组金紫岭山脚。明朝，由从江西迁入的吴玉山所建。院落整体布局为一进两横，房屋数十间，院落整体保存较好。正堂屋有两块光绪年间（1875—1908）祝寿的牌匾保存完好，字体工整，油漆做工精细。

三合村吴家院子

上椿村何家岭大院

5. 三口塘镇上椿村何家岭大院

何家岭大院坐落在上椿村十五组（原沙子铺村六组），由柏学良、柏学晶、柏学玉、柏学喜四人于民国六年（1917）共建。大院坐北向南，由正房和横房组成，都是青砖砌成，院内有完整的排水系统，街沿都由青石铺设。院落到现在从未改建和扩建，保持原有建筑风格。

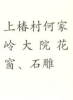
上椿村何家岭大院花窗、石雕

镰头湾村洲上院子

6. 大忠桥镇镰头湾村洲上院子

镰头湾村洲上院子

洲上院子人称茅坪洲，院落东西长 150 米，南北宽 120 米。

茅坪洲开山始祖邓生美，系富祖位下仁公第十四世孙，清乾隆皇帝曾钦赐"因荣第字冠玉"匾。该院名人辈出，清乾隆年间（1736—1796）有钦赐登仕郎邓世祥；清嘉庆年间（1797—1820）有太学生大正、大国兄弟 2 人；清道光年间（1821—1850）有太学生祖秀、祖瑢、祖玠，例授理向庭祖球，邑庠生祖琅，钦赐登仕郎祖瑚；清咸丰年间（1851—1861）有太学生泰德、

镰头湾村洲上院子宅门

127

第二章　古院落

镰头湾村洲上院子

观德；清同治年间（1862—1874）有太学生爵德、邑庠生作德。

茅坪洲院落在中华人民共和国成立前堪称上等的好房屋，屋宇高大宽阔、恢宏气派，瓦背落水陡，地下有暗沟，正堂两边有天井，采光十分好。两边游亭雕梁画栋，正堂照面挂着乾隆钦赐的两块金匾，字迹金碧辉煌，光彩夺目。神龛雕刻别致，十分耀眼。堂屋两边硕大的柱子上悬挂着对联，全都采用黑底金字雕刻而成，其中一副曰："创业艰难祖父味尝辛苦，开成不易儿孙宜戒奢华"。

镰头湾村洲上院子

7. 大忠桥镇五里山村曹家大院

　　五里山曹家大院位于大忠桥镇五里山村的田陇中间，建于明末清初，建筑面积达6万平方米。进入院内，首先是一座气势雄伟的青砖瓦房，门上方刻有八卦，门照墙石框书有"棠棣联辉"四字。院里有房子32间，两边建筑对称。八宝街右面是新八家院和老八家院，左面有栗山歧老祠堂、六家院、五家院、后头院等建筑，曹家大院内大部分为砖木结构，院中有院、院院相通。大院正东南有曹氏祠堂。

五里山村曹家大院宅门　　　　　　　　　　　　　　　　五里山村曹家大院

五里山村曹家大院浮雕

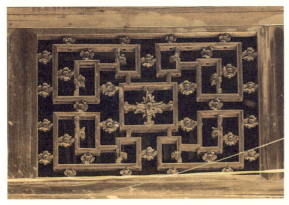 

五里山村曹家大院花窗　　　　　　五里山村曹家大院木雕

五里山村曹家大院木雕

共和村王家大院宅门一

8. 肖家镇共和村王家大院

共和村原名獠皮屯，明初由江西井田迁入王家大院，世祖为灵官，三世必亮独居獠皮屯，迄今已有 600 多年。

共和村现有古院落八处，每处由一个槽门、一个正堂屋、两个横堂屋组成，形成一纵二横房屋格局。每处院落独立设计，院内风格各异，但均以青砖为外墙，木质结构为间墙，厢房独立，门窗及堂屋支撑以木雕飞禽走兽为主，纳艺术与实用于一体；院内排水设施完善，天井、阴沟设置有序。现保存较为完好的古院有 7 处，另有灵官殿及碑文 1 处。

共和村王家大院宅门二

共和村王家大院宅门三

共和村王家大院

共和村王家大院

共和村王家大院

共和村王家大院壁画

共和村王家大院木雕

共和村王家大院浮雕

泉山村曹家大院

9. 肖家镇泉山村曹家大院

　　曹家大院，又名码头院子，坐落在肖家镇泉山村。大院建于明崇祯九年（1636），距今有近400年历史，砖木结构，坐东南向西北，占地面积约18000平方米，大小房间128间，是年代久远，保存较好，规模较大的湘南雅居。

　　整个大院成长方形，有槽门二进形成以三纵二横的房屋结构，纵横于院内，风格各异，但均以青砖为外墙、木质结构为内

泉山村曹家大院槽门

泉山村曹家大院

墙，门窗及堂屋支撑为精美木雕，上有飞禽、走兽，更有雕梁画栋，精雕花窗。屋内铺有青砖地板，阶级及晒谷坪都用小河卵石组图铺就，既漂亮，又防滑防水。古色古香，美轮美奂，纳艺术与实用为一体，是古代能工巧匠智慧的结晶，具有较高的历史文物价值。

泉山村曹家大院木雕

10. 肖家镇牛岭村李家大院

李家大院坐落在肖家镇牛岭村。大院建于清代，砖木结构，坐西北向东南，建地面积约6000平方米，大小房间108间。

整个大院呈长方形，由槽门二进加游亭布局，大院左邻农田，前望牛岭。

大院原为当地地主李映香之家。大院布局严谨，设计精巧，窗棂、柱础雕刻精美细致，是古代能工巧匠智慧的结晶，具有较高的历史文物价值。2013年永州市人民政府公布其为市文物保护单位。

牛岭村李家大院

牛岭村李家大院

11. 八宝镇火田坳村敦厚大院

敦厚大院建于清末民初，背靠牛岭，共有房屋 106 间，占地面积约 12000 平方米。大院院门由一个主槽门、两个耳槽门加围墙组成。正院由一正四游亭组成。整个庭院为青砖木料结构，设计十分美观，游亭、山墙、翘角、花窗、大门、出挑、枋撑、窗棂之木雕、彩绘和泥塑，题材丰富，造型逼真。具有鲜明的时代特征和湘南地方特色。

火田坳村敦厚大院

火田坳村敦厚大院　　　　火田坳村敦厚大院木雕

　　正槽门两侧，原蹲立着一对高大的石狮。整个院落规模非常宏大，视野也很开阔，一条小溪绕村而过。为聚财运，在村口建有一亭，取名水口亭，供南来北往的行人歇息，遮风避雨。

火田坳村敦厚大院浮雕

青峰村白玉堂

12. 白水镇青峰村白玉堂庭院

　　白玉堂庭院位于白水镇青峰村（原双峰村）境内，由肖家镇牛头湾李扬风于嘉庆九年（1805）填仙池修建而成。庭院坐东朝西，占地面积 5000 余平方米。主体部分由一正庭八游亭构成。

　　白玉堂竣工之日，嘉庆皇帝赐玉匾"书加流看"，李扬风将其悬挂于正堂屋横梁之上，以示褒奖；清道光十年（1831），太学生李其梁被道光皇帝赐玉匾"风高渭水"，匾悬挂于正堂屋下；清咸丰三年（1853），太学生李其柱被咸丰皇帝赐牌匾"玉笋班联"，匾悬挂于三房横堂屋横梁之上。

　　白玉堂庭院饱经时代风雨，虽有破损，但整体仍在，风韵犹存。

青峰村白玉堂

湖广村唐家大院

13. 白水镇湖广村唐家大院

　　唐家大院坐落在白水镇湖广村（原小湖村）三组，分为老屋院和新屋院。据族谱记载，唐家大院始建于明崇祯六年（1633年），以土、木雕刻建筑为主，建筑面积14400平方米。唐家大院气势壮观，从远处放眼望去，犹如二龙戏珠，亦如七星伴月。唐家大院正门石门刻有对联："学富书橱缥湘世业，勋高图阁冠剑家传。"

　　唐家大院因为子孙繁衍较快，于清道光十一年（1832）又建一大院，名为新屋院，实为一体，无论房屋小巷都与老屋保持连贯一致，内部结构虽横直交错，但整体设计井然有序。

　　唐家大院门前原来是一

湖广村唐家大院

湖广村唐家大院

个湖，小湖村由此得名，后小湖变为小溪。大院右侧不远处，有一古井，名
"黄湖井"。

湖广村唐家大院宅门

湖广村唐家大院木雕　　　　　　　　　　　　　　　　　　湖广村唐家大院

新华村杨家大院（县住建局村镇办提供）

14. 白水镇新华村杨家大院

杨家大院坐落于白水镇新华村（原洲上里村），建于明朝，距今四百余年。整个大院占地约 2.67 万平方米，建筑面积 9800 平方米，其建筑风格具有徽式和湘南民居特色。整个院落系砖木结构，布局严谨，雕梁画栋，古色

新华村杨家大院

新华村杨家大院

新华村杨家大院浮雕

新华村杨家大院宅门

古香。至今保存完好的房屋有 25 栋，大厅有 17 间，尤为精致的是 800 多个花窗和 80 多个柱础，雕刻工艺令人惊叹。院内构建有四通八达的地下排水系统。该村杨氏宗祠，建于民国二十年（1931），由杨华清出资修建。该村兴教重文，名人辈出。从该村走出去的剧作家杨孟衡曾任山西省戏剧研究所所长兼党委书记，所写剧本《三上桃峰》《三下桃源》，闻名全国。

狮子村瓦屋郑家院

15. 白水镇狮子村瓦屋郑家院

瓦屋郑家院坐落在白水镇狮子村（原福田村二组）。其先祖郑祥于明洪武十四年（1381）调任祁阳县令，因见祁阳山水秀美，遂奉父玉公命偕同兄弟择吉于祁城以南定居，故称南郑。

郑家福华系祥公长子，在两江口下于家田洞取院前之地烧制砖瓦，依山

狮子村瓦屋郑家院木雕

狮子村瓦屋郑家院花窗

狮子村瓦屋郑家院

建房。院前因烧砖瓦留下的大坑变成了一口大鱼塘,所以世称瓦屋郑家院。经过后裔20余代400余年的建设,始成规模。大院为砖木结构,布局合理,总面积约3000平方米,是典型的明清代古建筑。有斐、有明系先祖祥公后裔,两兄弟组织郑家做木材生意,在江华黑冲砍树数千立方米,编排占据半边河道,被称为"郑半河"。大院前是数百亩良田,金洞、大江水系两江河似玉带缠绕,河边有拔地而起的白米石,似银屏映衬瓦屋郑家院。

狮子村瓦屋郑家院

16. 白水镇幸福村王家大院

　　王家大院位于白水镇幸福村（原温村），始建于元末明初，距今已有600多年历史，从始祖定居后历经二十七八代扩建，始成今日规模。

　　早期是木板结构房屋，现存木板房不足20%，明、清时期所建房屋都是土木结构，约占全院落的80%。

　　整个院落以正堂屋为轴心，向上和左右分布。每栋房屋基本是平行延伸，通光通风通水。房屋全部是两层楼房，高大宽敞，特别是走廊宽阔，檐柱粗大。每栋房屋的耳门都是石条门框。全院落有内外防火塘，外围层有防

幸福村王家大院

幸福村王家大院

　　盗墙。日军入侵祁阳时，由于墙高院深，也未能进入。

　　院落面积约25000平方米，现保存完好的房屋有500多间，建筑面积8000多平方米。近年来，全村落人员基本搬出老院子。

　　幸福村地灵人杰，19世纪出过武举人王伯俊，曾立过桅子；王德仙、王匡川，中过进士；王大喜，当过据威将军；王有为，任过京吏；王维禄为太学生。

幸福村王家大院

丰江村王甲堂（县住建局村镇办提供）

17. 白水镇丰江村王甲堂

　　王甲堂又叫王家大院，坐落于白水镇丰江村（原三丰村）凤凰山脚下，占地约 34 万平方米，三面临水，一面环山，建筑与山水完美结合，是湘南古民居的典范。

　　王甲堂号称祁阳王氏家族第一堂。相传王氏祖先早期在白水喜善一带经商，发家后相中这块宝地。王甲堂始建于明，扩建于清，民国时在新屋院又建洋楼，中西合璧。至"文革"期间，戏楼洋楼相继被拆。大院由老屋院、新屋院组成，以青石、青砖、青瓦和乔木为建筑材料。大院有两个"八字"槽门，两个正堂屋。院内分为上、中、下三级。规律排列的住房，每户以家门前的过廊

丰江村王甲堂宅门一

丰江村王甲堂宅门二

相通，前后以院墙相隔，左右又隔堂内几条大道相望。王甲堂一户一天井，天井有小池，小池通水渠，水渠四通八达，既可供日常用水之需，又可作排雨泄水之用，对温度也能起一定的调节作用。

梁柱上雕刻的狻猊栩栩如生。墙上点缀了蝙蝠纹、祥云纹等中国传统纹饰，一幅"神鹿腾云图"让人仰望许久。

王甲堂人才辈出。毕业于北京大学的王氏子弟王振武为祁阳县开明绅士，曾担任过祁阳一中校长。

丰江村王甲堂

丰江村王甲堂木雕

丰江村王甲堂

龙口冲村新屋院宅门

18. 黄泥塘镇龙口冲村新屋院

龙口冲新屋院位于黄泥塘镇龙口冲村，建于民国二十一年（1932），为陈达卿四兄弟所建。该院占地面积14000平方米，建筑面积5600平方米。院落以正厅前的大坪为中心向两边延伸。全院共有大小房屋29栋，栋与栋之间有游亭相连，院前有八字宅门。宅门呈亭子式样，门框上方雕龙刻凤。门前有半圆形月台，两边各立

龙口冲村新屋院

一石狮，正对宅门前大池塘。院内房子全部是砖木结构，地面全部铺青砖，天井用青条石铺成。中华人民共和国成立初期，新屋院经土改一分为二，下区域房屋作住宅分与贫困百姓，上区域房屋被人民政府征收，经修缮作为行政办公用房。

龙口冲村新屋院宅门

龙口冲村新屋院

新义村赵志嶓四合院

19. 黄泥塘镇新义村赵志嶓四合院

　　赵志嶓四合院（又称新河边院），位于黄泥塘镇新义村十四组，距湘江南岸 300 米。该院祖先赵先芳生有四子（志嶓、志崧、志嵘、志崠）。清光绪二十二年（1896），赵先芳在本地择址建筑四合院。长子志嶓出资 3000 块银元，从衡阳请来一位姓胡的建筑大师，率领一班能工巧匠规划、设计、施工。该四合院前开一槽门，后开两门，左、右、后三面的围墙高 2 米，全部用青砖砌成。整个大院占地面积 4185 平方米，院前还开挖了一口鱼塘，面积 1256 平方米。

　　整个大院古色古香，多处雕刻有龙凤、麒麟、狮子和大象，门扇、窗扇上雕刻有各类花草，工艺精湛，生动形象。

新义村赵志嶓四合院

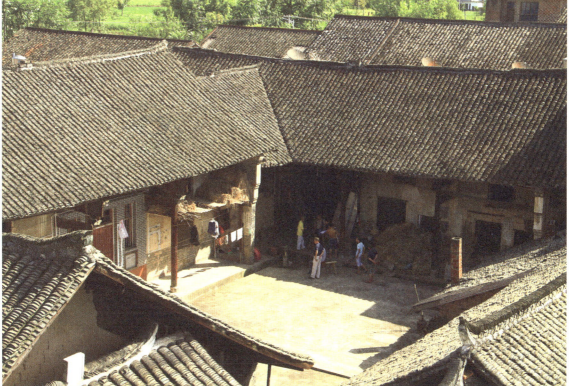

新义村赵志嶓四合院

九洲村李家大院

20. 黄泥塘镇九洲村李家大院

　　李家大院位于黄泥塘镇九洲村五组。大院建于清朝末年，是由李筱轩出资兴建。李家大院占地约 4000 平方米，住房 62 间，分祠堂、正房、厢房、柴房和书房五类。院正门前开有水塘一口，房屋周边筑有高墙相护。大院设计精巧，建筑工艺精美，房间门窗、柱匾上均刻有花鸟虫兽图案，

九洲村李家
大院

九洲村李家大院

九洲村李家大院木雕

雕刻精美，栩栩如生。祠堂正厅上方的牌匾写有"祥光射斗"四个大字。大院木质结构，结合部分全部采用榫卯固定，全院无一铁钉。

　　中华人民共和国成立后，土改时李家大院分给了三十多户农户居住。2018年九洲村发动五组村民自发筹集部分资金，对院内主体房屋及部分设施进行了前期修缮。

九洲村李家大院

白塘村瑶璧湾宅门

21. 羊角塘镇白塘村瑶璧湾院落

　　瑶璧湾院落位于羊角塘镇东五里，三面环山，黄莲观屹右，隐仙岩屹左，若二龙抢珠。瑶璧湾似瑶似璧，故得其名。该院建于清道光十六年（1836），由贡生王志璧创建。四合大院，八角亭台，彼此辉映，美观大方。内外围墙，坚如磐石。槽门前有150平方米弧形月台，石狮分列两边。进头门，登月台，则是两厢房，中嵌石框槽门。其内则是两正六横青砖瓦房。正前堂两边系厢房，两边正房计49间。每排房两头有石料或木框马门，均有鹅腿，上饰长方形或半圆形图案，绘有山水画或雕刻吉祥用语。每两排房间空2米宽，以巷子为界。12个天井亦用青石板铺面，下设通水道。每个游亭连接前后厅堂，均用花纹青砖铺地，各厅堂上有贴金悬额。

白塘村瑶璧湾

白塘村瑶璧湾

白塘村瑶璧湾花窗

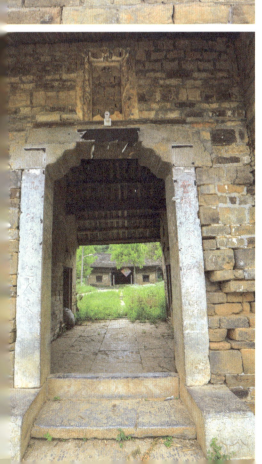

白塘村瑶璧湾

幸福村唐家院

22. 大村甸镇幸福村唐家院

　　唐家院又名徐家冲，因徐姓先祖最早定居于此，故名。唐家院位于大村甸镇幸福村十七组。唐姓祖先唐可武于清乾隆二十年（1755）由八叶堂迁居徐家冲。清乾隆四十三年（1778）可武公之五子唐生月中举，历任乌鲁木齐布政使后衣锦还乡，同兄选址修建三个院落（老屋院、新屋院、积荫堂）共48栋，历时五年于清乾隆四十八年（1783）建成。该三院有3个槽门18个游亭，前后的围墙高2米，全部用青条石砌成。整个院落群占地面积2万多平方米。积荫堂前还开挖一口鱼塘，面积2200平方米。大院古色古香，多处雕刻有龙凤、麒麟、狮子和大象，门扇、窗扇上雕刻有各类花草人物，工艺精湛，生动形象。特别是老屋院子条石长12米，宽0.5米，高0.5米，堪称一绝。积荫堂现保存徽派建筑20余栋。槽门刻有一副对联："封留虞荫，泽绍垚遗"，字迹挥遒，刚劲有力。

幸福村唐家院

幸福村唐家院

幸福村唐家院石雕

幸福村唐家院石雕

幸福村唐家院石雕

幸福村唐家院石雕

23. 文明铺镇松林湾村十八家院落

十八家院落位于文明铺镇松林湾。相传清光绪年间（1875—1908），村里有汪理候、汪庆候、汪平候、汪应候四兄弟，两人为秀才，两人为乡贤。乡贤两兄弟走南闯北做生意发迹，回乡后买良田逾千亩，成为一方富翁。四兄弟为人善良，常济贫救苦，深得乡邻敬仰。在征得乡亲们支持后，大哥在院前，二弟在白虎后，三、四弟在青龙后建四合院。大院长136米，深60米，建筑面积约7000平方米。

大院外墙下部由1.8米长，约0.3米厚条石砌成，上部为青砖，糯米拌石灰泥缝，坚固耐风雨。大院正门由条石砌成，石头凿刻平整，门框刻有对联，对仗工整。院内门窗雕刻有梅花和八仙人物，形象生动逼真。院前房顶各修瞭望台哨所，有家丁昼夜轮流值守。人物雕刻在"文革"时被切除头部，损毁严重。因缺乏保护，历经文物贩子数次扫荡，雕刻已荡然无存。

在中华人民共和国成立初期为乡政府驻所。乡政府搬迁后改为村小学。小学撤走后，部分被拆除建新房。

松林湾村十八家院落宅门二

松林湾村十八家院落

165

第二章　古院落

云冲村张家大院

24. 文明铺镇云冲村张家大院

　　张家大院在文明铺镇云冲村，原丝塘冲张公保院子，建于清咸丰年间（1851—1861）。该大院围墙为大青砖所筑，高3米多。院门前有一口大鱼塘，鱼塘之下，是一陇宽阔的农田。正大门是有四个铜环的大铁皮门，走进大门是八柱大厅。正厅两侧为两层楼房，上下各六间。后院有两排二层楼房若干间，正门两边有两间房屋，建筑面积5600平方米。其建造工艺精巧，院墙坚固。民国三十一年（1942）春，日军入侵湘北，长沙岳麓中学被迫迁来祁阳，因张家大院容量大、位置宽敞，遂作为临时校舍。至民国三十二年（1943）上学期，学生增至1000多人，其中祁阳籍学生占70%。

云冲村张家大院

云冲村张家大院花窗

云冲村张家大院
屋内地面彩图

大坪铺村何家老屋院

25. 龚家坪镇大坪铺村何家老屋院

　　何家老屋院位于龚家坪镇大坪铺村。该地有大坪，曾为驿站，且店铺较多，故名大坪铺。该院落为四合院，高大的八字槽门，中间是堂屋，两边是两排横屋，全系土木结构。从斑驳的壁画和尘封的雕塑中仍依稀可见当年的豪气。2017年，村民对何家老屋进行了小修，然而因系木屋结构，难经风雨。由于经济的发展，不少住户迁出，何家老屋缺少维修，部分已经倒塌，大部分木头已经损坏。2014年10月1日被批准为永州市文物保护单位。

大坪铺村何家老屋院

大坪铺村何家老屋院门槛

大坪铺村何家老屋院匾额

大坪铺村何家老屋院
使用的石磨

舜塘村刘家院

26. 龚家坪镇舜塘村刘家院

　　刘家宅院位于龚家坪镇舜塘村（原中益村）。此院建于清朝末年，由一个大门口出进，院内分 3 层，建筑面积约 2000 平方米。院落全部为砖木结构，围墙全部用石头护砌，与房屋成为整体，在当时能够起到防盗作用。因年久失修，院墙倒塌大半，但仍依稀可见当年的豪华与气派。

舜塘村刘家院

舜塘村刘家院

舜塘村刘家院木雕、花窗

花筵村李家大院

27. 凤凰乡花筵村李家大院

　　李家大院坐落在金洞管理区凤凰乡花筵村（原隐塘村）。该大院由前清太学生李其浩始建于清嘉庆六年（1801），继由清贡生李昌文及其子李大琪续建。历经三代，历时 30 年告竣。院落北靠群山，右侧有两口水塘，左侧有小溪绕院流过，可谓风水宝地。相传该村曾出一个大官，其在旧居的三条溪水汇合处大兴土木，竣工时大摆宴席，招待全村乡邻，故又名花筵村。2018 年村民对该院落前门予以修缮，新建牌坊"新屋大院"。

花筵村李家大院

花篷村李家大院浮雕

花篷村李家大院

花筵村李家大院花窗

花筵村李家大院木雕

大岭下村双源堂新屋院

28. 石鼓源乡大岭下村双源堂新屋院

　　双源堂新屋院古民居位于石鼓源乡
大岭下村第八、九组，占地面积约 1500
平方米，两层，土木结构，四合院构
造。现存正堂屋一间，侧堂屋两间，住
房 24 间。

　　大院以正堂屋中心线为轴，左右对
称；第二层房屋以侧堂屋中心线为轴，
前后对称。大门正上方有"桂林毓秀"
四个大字（"桂林"是奉氏堂号，奉氏统
称）。该四个大字上方靠近屋顶位置并排

大岭下村双源堂新屋院

有三幅壁画，落款为丁丑年，即清同治十三年（1874）始建，清光绪三年
（1877）竣工。该古民居是奉莹昌和奉焕昌两兄弟所建。两兄弟的太爷爷奉
信勇在当地乃至金洞都是有名的地主。中华人民共和国成立后，该院所有房
屋全部分给穷人居住。该古民居现保存完好，有考古和历史文化研究价值。

大岭下村双源堂新屋院壁画

大岭下村双源堂新屋院浮雕

第三章
名人故居

　　祁阳物华天宝，名人辈出。有身任端州刺史而不索取端砚的廉吏陶岳；有北宋史学家路振；有洁己奉公、关心家乡百姓疾苦，曾疏请改折漕粮、均平排山驿马的陈荐；有清协办大学士、军机大臣陈大受；有清末湘军将领、抗法名将欧阳利见；有1955年被授予中将军衔的周玉成、刘金轩；更有无产阶级革命家，中央政治局常委，兼任中央书记处常务书记，并任国务院副总理的陶铸。他们是国家的栋梁，祁阳人民的骄傲。这些名人的故居，是历史留下的宝贵财富。可惜的是，许多名人如邓球、陶岳、路振、刘金轩、周玉成、刘兴、蒋肇舟等，或因家境贫寒，或因年代久远，或因时局变迁，都没有留下故居，不能不说是个遗憾。（为了铭记他们，记录下他们的故居，以下按名人殁年先后顺序排列）

1. 邓球故居

　　邓球（1525—1595），字应鸣，号来溪，别号寄漫子，七里桥镇排楼湾村人。官至南京刑部郎中、贵州铜仁知府，后弃官回祁，修建了一系列建筑。邓球故居在七里桥镇排楼湾村四组，分前后大厅，是典型的明朝建筑模式。

　　邓球在县城迎恩门邓氏宗祠后建

邓球故居旧址（邓甲平／摄）

有进士院，在现荷花园内，现存一栋正屋，为明代木构架结构。院内耳门上有"慕园""由斯"字样。

2. 卢奇故居

卢奇故居在白水镇杨桥村六组。在卢奇故居的基地上建有五垛四空，因年代久远，靠外两间已经倒塌，现仅留下中间两间。

卢奇，明朝乡贤。字廷才，号德玉。明嘉靖四十三年（1564）举人，明万历八年（1580）进士。其先祖明远为金陵人，宦游祁阳，乐山水似吴中，遂安家。卢奇中进士后，授高安知县，后任枢曹，出为金华太守，在任名声甚好。离任时，地方士绅著文勒碑，颂扬其德政。后迁升两淮盐运使，不久辞官归乡。

卢奇故居旧址

陈大受故居

3. 陈大受故居

陈大受故居

　　藕塘村位于下马渡镇东面，距县城 10 千米，是陈大受祖先迁祁的祖屋地。该屋是用农村土砖及青砖修建的院落，正厅是砖木结构，所用青砖都经"砍砖淌白"建造。神龛上供有陈大受雕像，1966 年被毁。门前挂了乾隆御书"大福地"匾额。院左侧种了五棵樟树。至今生长茂盛，已列入古树保护名录。

　　故居占地面积 1050 平方米。建筑格局为：南北中轴线仅一进院落，分布正门、正堂和正堂背后的杂屋；东西各平行分布三排东西朝向的屋舍，合院为两个跨院，每排屋舍均为三间二进，东西一院之南端有一座房临街，基本为东西院对称分布。

　　陈大受后辈也是人才辈出。长子陈辉祖出任闽浙总督，次子陈绳祖为著

陈大受故居

名诗人、广东督粮道兼辖广州府（观察使衔）；玄孙陈文骤为晚清名臣，曾在台湾省督学政、兵备道任上倡修四十卷本《台湾通志》（至今为台湾地方史之巨著），并在甲午战争期间力主抗日保台；之后又有六世孙陈冰叔创建重华学堂（今祁阳二中）；八世孙陈明泰（字平阶，1910—？）于全面抗战期间出任驻英武官；八世孙陈明达（1914—1997）是继梁思成、刘敦桢之后的又一位杰出的建筑历史学家，所著《应县木塔》《营造法式大木作研究》等在建筑学界享誉海内外。

4. 欧阳利见故居

欧阳利见（1825—1895），官至浙江提督，在中法镇海之战中，指挥中国水师打败了法国入侵舰队。

欧阳大院位于长虹街道白鹭甸村三、四组。由南北院组成。北院有欧阳宗祠、欧

欧阳利见故居

欧阳利见故居

阳利见故宅、北宅门；南院有二进大厅、南
宅门。北宅门为二层砖木结构。宅门外左
侧有一口666平方米的大塘，塘岸沿院一侧
有四尊石雕像：两座狮子、两座麒麟，高
大威武。狮子栩栩如生，背上有圆鼓。雕像
在1966年被毁，宅门现存门框及楼房木窗。
南宅门框为青条石，有"国恩家庆，人寿年
丰"的对联。上方有二龙抢珠浮雕，下有狮
子浮雕。

欧阳利见故居

欧阳利见故居石雕

欧阳利见故居石雕

5. 黄岱故居

黄岱，（1880—1917），名升苏，字少泉。羊角塘镇城山村人。7岁入私塾，17岁补廪，有"神童"之称。曾为乡塾教师，专以兵书、舆地课子弟，兼授技击。县令余介藩以为可用，委办东乡团练。清光绪二十三年（1897），随黄忠浩至广西，擢升巡防营右营管带。

清光绪二十八年（1902），全家迁往柳州。随后去日本留学，不久参加同盟会，并密任广西革命军总司令。1911年与黄兴密约4月于广西、广州同时起义。辛亥革命后隐居故里，当选为祁阳县临时县议会会长。二次革命中参加倒袁活动，在长沙被捕入狱，后经过革命党人多方营救出狱。段祺瑞于1917年派傅良佐入湘，谭延闿被赶走。谭临走时任刘建藩署理零陵镇守使，黄岱为副司令兼参谋长。后在衡山一带率军与北洋军作战时被俘，10月21日在长沙被杀害。1919年5月，国民政府追认黄岱为陆军少将，在长沙烈士祠开追悼会3天。其遗体葬于衡山县萱洲河畔，建立墓庐，置有墓田。

羊角塘镇城山村仍保存着黄岱故居，为土砖瓦房结构。

黄岱故居（李小玲／摄）

雷晋乾故居

6. 雷晋乾故居

从三口塘镇出发，沿着以雷晋乾的名字命名的"晋乾路"，一路向北，便可见到位于三口塘镇坝塘村五组的雷晋乾故居。雷晋乾故居建于1902年，计有四垛三间青瓦房，长14米，宽8.6米，面积120平方米，并有两间杂房，面积30平方米。

雷晋乾，谱名伯第，字达馨，号震恒、醒顽。1898年12月出生，1921年加入社会主义青年团，1922年转为中国共产党党员。1923年，被中共湘区委员会派往衡山县白果，协同刘东轩、谢怀德等筹建中共在湖南的第一个农会组织——岳北农工会。11月，工会遭到军阀赵恒惕镇压，雷晋乾被捕入狱。经党组织多方营救，于1924年2月出狱。后担任青年团衡阳地委书记。1925年9月，雷晋乾和毛泽民、夏明震一起由中共湘区委员会介绍到广州农民运动讲习所学习。其间，他以个人身份加入了国民党。不久，被中共湘区委员会和国民党湖南省党部任命为农民运动特派员，派回祁阳，发展党的组织，领导农民运动。1926年1月，中共祁阳特别支部成立，雷晋乾任书记。8月，雷晋乾当选为国民党祁阳县党部农工委员。10月，当选为祁阳县农协委员长。1927年5月28日，因叛徒出卖，雷晋乾不幸被捕。6月9日，雷晋乾英勇就义。

1986年，祁阳县人民政府将雷晋乾故居定为县级重点文物保护单位。

7. 蒋毓华故居

蒋毓华，字培樾，号葆荪，下马渡镇官塘湾村人。清光绪十四年（1888）生。蒋毓华于清光绪二十九年（1903），舍私塾考进塔边小学堂，后就读于永州萍洲学堂、长沙岳麓学堂。1913年，考入北京大学农科，为熊希龄所赏识。1915年毕业后，任省农学会会长兼农事试验场场长。

1926年6月，祁阳大旱，蒋毓华开自家粮仓，发谷济贫。邑人王尚愚受国民党省党部派遣回祁，筹建祁阳县党部筹备处，慕蒋毓华名，介绍其加入该党，并推为筹备委员会主任。9月，国民党召开了祁阳县第一次县代表大会，蒋毓华被推为常委。经过斗争的考验，蒋毓华被吸收为中共党员。

是年，蒋毓华和刘武敏等倡办《新祁阳报》，蒋毓华自任经理。1927年2月，又同王一分（即王首道）、雷晋乾、李振球等，举办党务训练班。

1927年5月，蒋毓华参加王一分领导的清党洗会工作，担任西北区的领导。5月28日，西区劣绅桂圣称伙同文明铺农民自卫大队长叛徒唐震亚，扣留了蒋毓华、雷晋乾、何镇南3人。在押送途中，何镇南逃脱，蒋、雷于6月9日，惨遭杀害于县城王府坪。

蒋毓华故居系土木结构瓦房，因年久失修，已破烂不堪。

蒋毓华故居

廖龄奇故居

8. 廖龄奇故居

廖龄奇故居旧址

廖龄奇，清光绪三十一年（1905）出生于七里桥镇曾家湾村，1925年入黄埔军校第四期学习，毕业后历任国民革命军第四军独立团排长、连长、营长、团长、旅长、师长。1939年9月，廖龄奇督率全师取得第一次湘北会战大捷。1941年9月17日，第二次湘北会战开始，薛岳等人为推卸责任，把廖龄奇请假离开部队去吉安结婚，说成是临阵脱逃。1941年11月被蒋介石以"临阵脱逃"罪枪杀。事后，蒋介石发现此乃一起冤案，随即指示按抗日阵亡将官给予抚恤，并指示将廖龄奇遗体厚葬于当时国民党最大的烈士陵园南岳忠烈祠。

1939年，廖龄奇曾在七里桥镇扒江埠（现属曾家湾村四组）建别墅一座，四周有围墙，前有大宅门，门前有空坪。进宅门后，左右各有一栋砖木结构楼房，每栋有房三间，过楼房通道后，中间是内操坪，操坪两边是礼堂，左右礼堂与前栋楼房有走廊相连。院左前角建有高四层的炮楼，炮楼呈八角形，二楼以上各层都有射击孔。廖龄奇另在县城南长街有房屋 1 栋。

9. 严明故居

严明（1910—1948），字果人，清光绪二十九年（1903）出生于文明铺镇岩塘冲村，黄埔军校第四期步兵科毕业。北伐战争时即升任国民革命军第 22 师营长，围剿红军时任第 2 师补充旅副旅长。抗日战争爆发后，多次在正面战场抗击日军，战斗中表现英勇。1945 年严明任第九十军副军长，1945 年 6 月 28 日授予陆军少将衔。1946 年 3 月任整编第九十师中将师长。1947 年 3 月指挥整编第九十师占领延安。1948 年 3 月 1 日在陕西宜川战役中被西北人民解放军击毙（一说自杀）。1949 年 1 月 19 日被国民党军事委员会追授陆军上将军衔。

民国二十八年（1939）严明回乡修建了一座四合院，共建房屋十二间，面积 450 平方米，正堂屋石门刻有对联："当户南山通雨露，传家北极捧星辰"。正门对面一栋横屋因年久失修而坍塌。

严明故居

严明故居正门

10. 谭丕模故居

谭丕模（1899—1958），著名的中国文学史、思想史研究专家。清光绪二十五年（1899）出生于七里桥镇湖塘湾社区一个没落的封建地主家庭。1922年考入北京高等师范学校（次年改名北京师范大学）国文系，热心参加反帝爱国运动。1928年，谭丕模担任《晨报》编辑和副刊主编。1931年参与创办《新东方》月刊和筹建东方问题研究会。1935年，组建北京自由职业大同盟并任组织部长。1936年，与曹靖华等组织北平文协，团结进步作家，开展抗日救亡宣传。1937年12月加入中国共产党，任中共湖南省工作委员会委员兼宣传部长。1938年，他前往邵阳塘田战时讲学院任董事和教授。抗日战争胜利后，他在桂林师范学院任教，支持学生开展"反内战、反饥饿、反迫害"斗争。1949年4月，执教于湖南大学中文系。中华人民共和国成立后，担任湖南大学国文系主任、中南军政委员会委员、湖南省文联主席。1953年回母校北京师范大学任中国文学教研室主任、北师大党委委员、北京市政协委员。先后出版《新兴文学概论》《文艺思潮之演进》《中国文学史纲》《中国文学史稿》。1958年10月17日，他与郑振铎、蔡树藩等一起作为中国文化代表团成员出访阿富汗、阿拉伯联合酋长国，途中因飞机失事不幸遇难，终年59岁。

谭丕模现存故居为一栋两层砖木结构房屋，正房是四垛三间，左配备三间厢房，墙体是青砖，房前有晒坪和池塘。

谭丕模故居

11. 刘兴故居

刘兴故居旧址

刘兴（1887—1963），字铁夫，祁阳城关人。少读私塾，18岁考入长沙修业学校，后转入湖南陆军小学，在校加入同盟会。毕业后转入武昌陆军第三中学，后又转入保定陆军入伍生队。1912年加入国民党。在反袁、护法、北伐等战争中，刘兴追随唐生智，屡立战功，担任过第四集团军江右总指挥。

抗日战争中，刘兴先后担任第十六军军长、第二十六集团军总司令、江防总司令、南京卫戍司令部司令长官。后回家乡办崇汉中学，经营十余年，为国家和社会培养了不少人才。1945年，刘兴被选为国民参政会第四届参政员。1948年冬，唐生智从南京经上海回到湖南，曾与他秘商湖南和平解放事宜。1949年4月，唐生智与程潜秘商成立湖南永宝警备司令部，派刘兴为司令，担负该地区和平解放的起义工作。5月，他被调任长沙绥靖公署副主任。8月，刘兴全家被捕。中华人民共和国成立后，被任命为湖南省人民政府委员兼参事室副主任，后改兼湖南省体委副主任。1963年夏，病逝于长沙。

刘兴原居住的中仓街刘家祠堂，于中华人民共和国成立后改为祁阳县看守所，现已改为住宅楼。县水电局、林业局、农委也在此办过公。

12. 陶铸故居

石洞源原名石头源，距潘市镇约八华里，距祁阳县城约四十华里，是我国无产阶级革命家陶铸同志（1908—1969）的故乡。

陶铸故居坐落在潘市镇椰树村"对门湾"的陶家院，该院落原处于山腰，四周群山起伏，古木参天。山麓有一溪流自深山流出，常年不涸。村对面山脚下有一小山，奔腾逶迤，有如骧龙，当地人谓之"黄龙出洞"，传为风水宝地。陶铸祖坟即葬于此。1958年建石洞源水库，因全村被淹而搬迁，陶铸祖屋被拆迁到后龙山高埠处，坐东向西，一正一横两栋。据说桁条、椽皮、青瓦、门窗等大部分均为原物，正房为板筑土木结构两层楼房。屋四周高山环抱，树木蔽日，环境清幽。拆建后的房屋曾为陶铸的侄儿们居住。

陶铸故居

　　1997 年陶铸诞辰 90 周年前夕，政府修建陶铸陈列馆六垛五间，中间三间为陈列室，两端为休息室，大门外挂着"陶令卜居十里松风拂石洞，铸剑倚天千古铮锋驭黄龙"对联。

　　在纪念陶铸诞辰 110 周年之际，中共祁阳县委、县政府对陶铸同志的故居重新进行了修缮，连接祁羊公路的五千米水泥路改造成了油沙路，故居前修建了 110 级青石台阶，用以表达家乡人们对陶铸同志的无限崇敬和深切怀念。

陶铸故居

陶铸故居

　　2003 年 5 月 15 日，陶铸故居被列为市级文物保护单位。2004 年，陶铸故居及陈列馆成为永州市唯一列入全省 30 个重点红色旅游景区的旅游景点。2009 年被确定为省级文物保护单位和青少年爱国主义教育基地。

13. 周玉成故居

周玉成（1904—1971）原名周长久，又名周鸿礼。1904年4月30日生于祁阳原大桥湾乡新村一个贫苦农民家庭。

1920年入湘军当兵。1926年1月投身国民革命军第三十五军一师，参加北伐战争。1928年7月22日参加由彭德怀领导的平江起义，同年加入中国共产党。土地革命战争时期，先后任红三军团连司务长、大队长、纵队司令部副官主任、团长、师军需处处长、师供给部部长、军团供给部部长、陕甘宁军区供给部部长、红军前敌指挥部供给副部长，参加了长征。全面抗战时期，任八路军总指挥部兵站部副部长、前方指挥部供给部部长、后勤部供给部部长。解放战争时期，任晋冀鲁豫军区后勤部副部长、晋冀鲁豫边区政府审查厅厅长、中央人民政府革命军事委员会后勤驻南线司令部副司令员兼邯郸办事处主任。中华人民共和国成立后，任华北军区后勤部财务部部长、总后勤部财务部油料部部长、东北军区后勤部副部长、财务部部长、沈阳军区后勤部部长、中国人民解放军总后勤部副部长。1955年被授予中将军衔。荣获一级八一勋章、一级独立自由勋章、一级解放勋章。是政协第三、四届全国委员会委员。1965年秋，响应中央军委的号召，从领导岗位上主动退下来。1971年12月9日在西安病逝，终年68岁。

周玉成将军的故居在1958年兴修水库时被淹。

蒋伏生将军故居

14. 蒋伏生故居

蒋伏生（1897—1979），名金汉，字伏生，挂榜山林场龙塘村人。自幼聪慧，后入武昌旅鄂中学。1921年，参加远东各国共产党及民族革命团体第一次代表大会。1924年为黄埔军校第一期学生。1936年为国民党陆军中将。1939年，蒋伏生第二次回祁，闲居挂榜山。1940年，与彭林生、王仡、邓竹修等人成立祁（阳）东（安）抗日游击纵队。石灰岭之战，打死日兵42人。在常宁救出一名美国飞行员戈尔登·白尔文，白尔文尔后三次空送轻重武器至太白峰。

蒋伏生故居在挂榜山林场龙潭村老屋院，毁于日军战火。1939年，在凉山皂筑土墙屋四栋。整个房屋设计呈四合院形式，坐北面南。北面是后山，似一张太师椅背，南面是开阔的山腰，但外面难能看见院子。蒋伏生旧居于1940至1943年间，曾作为祁阳抗日斗争的中心，亦是祁（阳）东（安）自卫队指挥部所在地。当时在此设有线电话，通往白鹤观，蒋伏生则在凉山皂指挥。1951年去台湾省，为"国大"代表，1979年逝世。

蒋伏生现存故居为一栋两层砖木结构房屋，四垛三间，墙体为青砖，现已成危房。1958至1975年，挂榜山林场机关曾在此办公。1975至1979年，挂榜山林场中学曾在此办过初中及"五七"高中班。

15. 刘金轩故居

刘金轩(1908—1984),祁阳县文明铺镇丝堂冲人。1930年参加中国工农红军,历任班长、排长、连长。1932年2月加入中国共产党。1933年任副营长、营长。参加中央革命根据地第二至第五次反"围剿"和二万五千里长征。1936年初任陕北红二十八军第五团团长兼保安特区司令员。同年12月任红三十一军第九十一师参谋长。抗日战争时期,历任八路军一二九师教导团训练科科长、第三八五旅教导队队长、第七六九团参谋长、新编第十旅第二十八团团长、太行军区军分区副司令员。1944年任太岳军区第三军分区司令员。率部参加创建发展晋东南抗日根据地和敌后抗日游击战争。解放战争初期任晋冀鲁豫军区第八纵队第二十四旅旅长、第四纵队第十二旅旅长。1948年5月任陕南军区司令员。1949年2月任第二野战军第十九军军长兼陕南军区司令员。率部参加解放陕西的多次重要战役。中华人民共和国成立后,历任陕西军区第一副司令员、代理司令员、石家庄高级步兵学校校长、第六十四军军长、中国人民解放军铁道兵副司令员、顾问等职。1955年被授予中将军衔和二级八一勋章、二级独立自由勋章、一级解放勋章。是中共十大代表,第五届全国政协委员。1984年4月27日,刘金轩因病在北京逝世。

刘金轩故居处于院落中央。刘金轩将军参加革命后,其故居便由其胞弟居住,因年久失修于1995年坍塌。

刘金轩故居旧址(县史志办提供)

第四章
古宗祠

　　乡间族人聚居处，往往建有祠堂，亦名家庙。古代，一般百姓不得立家庙，至明代时，才准许设立祖庙。古有"三权"，即政权、神权、族权。宗祠就是行使族权的主要场所。宗祠功用有多种，如供奉祖先牌位，祭祀祖先亡灵，族人商议要事，处罚违规族人，设族学以培育族人子弟等。族人视宗祠为神圣之地，往往建筑得宽敞宏大，装饰得庄严堂皇。清末民初，各大姓多于县城内建各姓族人总祠，有"祠堂城"之称。乡村各族都建有祠堂，祠堂是祁阳古建筑史上的又一个亮点。

1. 县城周氏祠堂

　　县城周氏宗祠位于泮池（现名莲子塘）右岸，与文庙隔池相望，四面封火山墙，后面直抵察司塘，占地面积 240 平方米。民国初年，于泮池建一新祠。祠堂大门有三，均系西式拱门牌楼，拱门上面有火焰齿形纹饰。三门相连，左右门较中间小，形式完全相同。外观雄伟壮观，门前台阶分两层，第一层为八级，第二层为五级，一层踏步左右为平台。进大门后，两侧为厢房，并列建房六幢，与大门垂直。1957 年后，曾为祁阳县委、县政府办公

周氏祠堂一角（王昌华／摄）

地，1977年改为县政府招待所。1980年，改建为祁阳宾馆。2006年后，办起了中西医结合医院。

2. 大忠桥镇五里山村曹氏宗祠

五里山曹氏宗祠坐落于大忠桥镇五里山村东头，后倚团山。祠堂前置有旗杆石，表明曹氏先人曾得过功名。宗祠始建于清乾隆四十九年（1784年）十月。清光绪五年（1879年）十月于原址重修。宗祠大门

五里山村曹氏宗祠戏台

上方竖额石刻"曹氏宗祠"。宗祠大门入口处石柱，刻联曰"相业超平阳已见衣冠辉万代，家声传上蔡还期文物焕千秋"。

曹氏宗祠坐东向西，规模宏大，系砖木石结构，建筑面积约2000平方米。进入宗祠就见戏楼。正中间是空坪。在操场两侧修了院墙。后面是高大

五里山村曹氏宗祠

五里山村曹氏宗祠
戏台顶藻井

五里山村曹氏宗祠
木雕

宽敞的大殿，大殿两侧各有厢房一间。戏台和大殿柱子的石凳都雕刻有狮子和走兽，形态各异，栩栩如生。东西厢房各四间伫立在戏楼两侧，分上下两层。厢房的木构件雕刻精美。

古祠历经沧桑。1957 年国家把曹氏宗祠改作粮库，1963 年改作学校。由于尊师重教，民风学风好，在恢复高考后，曹姓子弟考入清华北大以及国内知名大学的多达数十人。

沙井村邓氏宗祠

3. 大忠桥镇沙井村邓氏宗祠

　　沙井邓氏宗祠位于大忠桥镇沙井村，明洪武十四年（1382）始建，屡次修葺，至清康熙四十四年（1705）才蔚为大观。又经清道光二十九年（1843年）、清光绪十九年（1893）、民国六年（1917）三次扩建改修，迄今占地面积 1650 平方米，建筑面积 1460 平方米。祠为前后两进，后栋为享堂，共五开间，两端多一间砌青砖间壁，中间三开间为木柱梁架结构，无间壁，显得空旷。横梁间雕狮子兽饰。两边为厢房，分为四间、二层。在柱间安装有葫芦条形栏杆，相当于现代剧院中的楼座；中间为内操坪，可容纳近 2000 名观众；四周为硬山顶封火墙。整个院落呈四合院布局，有五道门出入，前栋三副石门框，均刻有门联。亭堂左右各有侧门。入正门即为戏台，戏台由八根木柱支撑。台顶正中饰有圆形

沙井村邓氏宗祠戏台

沙井村邓氏宗祠

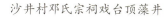

沙井村邓氏宗祠木雕　　　　　　　沙井村邓氏宗祠戏台顶藻井

藻井。台两边各有一室，为演员化妆、候场之所。戏台正脊两端饰白象，四条垂脊顶端饰鳌鱼，台檐饰绿色琉璃瓦滴檐。

沙井村地灵人杰，人才辈出。在封建社会五品以上的官吏有邓奎光、邓奇苏、邓奇瑾、邓庭玉、邓承祖、邓其灏。在新民主主义革命时期，邓国光、邓怀秀是革命烈士。

广福村唐氏家庙

4. 大忠桥镇广福村唐氏家庙

　　"唐氏家庙"位于大忠桥镇广福村，由大殿、走廊、内操坪、戏台四部分组成，清道光年间（1821—1850）建成。整个家庙为楼梯形，由戏台到走廊需上一级台阶，由走廊到大殿需上三级台阶，有步步高升之意。四墙为青砖叠砌。戏台屋脊为二龙护珠造型，大殿气势磅礴。正中大门上方镌有"唐氏家庙"四个大字。门前两旁缀有方形石凳。戏台分上、下两层。戏台为正方形，后方左右各有门出进，台间八柱相互对称。台顶

广福村唐氏家庙

为密封的鼓形。大殿和戏台的两旁建有 4 米宽的走廊，亦分上、下两层，与戏台连通。大殿、戏台、走廊之间有内操坪。

因年久失修，家庙多有损毁。广福村唐氏名人贤达，慷慨解囊，筹资 8 万余元，历时一秋，重修告竣，历史文明得以延续。

广福村唐氏家庙

5. 大忠桥镇冲头村邓氏景德公祠

景德公祠始建于民国二十八年（1939），由景德后人，当时知名人士国英、国梁等倡议修建。于民国三十年（1941）竣工，总面积 1500 平方米。

冲头村邓氏景德公祠

景德公祠正殿六扇五间，中间三间属正堂，左右两间是厢房。正殿前面有男女戏台，左右有一字围墙，中间有宽阔的广场，气势宏伟，美丽壮观。两条小溪汇集祠前，溪水向南而去。后来祠内办了一所学校，为景德子孙读书创造了良好条件。因岁月沧桑，历史变迁，一座美丽大方的戏台毁于 1958 年，现只剩下正殿 400 平方米。

2010 年，村支两委会同知名人士注资重新翻修景德公祠，翻修后的景德公祠面貌焕然一新。

冲头村邓氏景德公祠

九牛坝村周氏宗祠

6. 肖家镇九牛坝村周氏宗祠

　　九牛坝周氏宗祠位于肖家镇九牛坎村与大屋村交界处，是保存较完整的祠堂，市级文物保护单位。祠堂是四合院的模式，由戏台、正殿、厢房组成。总占地面积4770平方米，始建于清同治年间（1862—1874）。祠堂墙是用青砖以三合泥护砌而成。前面墙3扇大门一字形排着，门框上面雕刻着"五龙捧圣"浮雕，3扇大门均刻有对联。从大门进去便是内天井，两旁各是四间两层的女台。正殿两侧各有1间长10米、宽5米的青砖瓦房，供族人们开会议事。

　　周家祠堂内有戏台，始建于清雍正五年（1727）。戏台是以8根杉木柱子支承的木结构建筑。前台两根柱子上分别有一只精雕细刻的木狮子，狮子尾部朝上，头朝下，呈极目远眺神态。台顶藻井是穹窿形的，顶部圆口，用一块刻有八卦并用红、黑两种颜色的木板盖着。屋脊盖小青瓦，屋脊中心处竖着一个2米高的绿色陶瓷葫芦，

九牛坝村周氏宗祠

九牛坝村周氏宗祠

葫芦两侧各有一条长6米的绿色瓷龙，相互对视，俗称"二龙戏珠"。两边垛子各有一条瓷鳌鱼，尾朝上头朝下，增添了台子的美观。1984年10月，全国第一次目连戏仿古野外演出即在此进行。演出了《海氏悬梁》《大打飞叉》《雷打拐子》《大小无常》等剧目，并现场拍摄成录像片。1987年8月，该片曾在美国加利福尼亚大学伯克利分校历史系

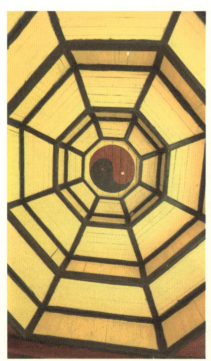

九牛坝村周氏宗祠戏台藻井

九牛坝村周氏宗祠戏台木雕

举行的"目连戏国际专题研讨会"上放映，赢得了外国专家全体起立及长时间热烈鼓掌。1999年，该村村民自筹资金将戏台进行修葺。2003年5月15日，永州市人民政府公布该戏台为永州市文物保护单位。

7. 肖家镇九泥村邓氏宗祠

邓氏宗祠建于清乾隆年间（1736—1796），至今已有近300年历史。建筑面积4000平方米，主体由古戏台和两正一游亭构成。1975年拆了两正一游亭，改建成小学校舍及大礼堂。现仅存古戏台一座，位于宗祠正门后上方。

戏台建在宗祠大门口内，进门后是戏台底，供人出入。上层为戏台，为斗拱式木构架结构，两侧原有女台，后改建为小学教室，但女台栏杆犹存。戏台前有四根立柱，前面为表演区，后面为乐队伴奏区。表演区上建有藻

九泥村邓氏宗祠

井，演出时起共鸣作用，能使声音圆润远播。后台右侧为开脸（化妆）区，左侧为更衣处，中为过道。戏台两边为厢房，台前为一块可容纳2000名观众的大操坪，台对面的房屋原为供奉祖先牌位的正殿，1949年后被拆除。20世纪70年代在原址新建一影剧院，以后演戏、放电影就不再在原古戏台上进行。1999年，该村村民自筹资金对古戏台进行大修，使其恢复往昔风采。该戏台为县级文物保护单位。

九泥村戏台

九泥村戏台顶藻井

第四章 古宗祠

下白田村杨氏宗祠戏台

8. 肖家镇下白田村杨氏宗祠

　　杨氏宗祠位于肖家镇下白田社区。于清嘉庆十二年（1807）以族长杨博堂为首，向族众募捐，建在下白田株树山，建筑面积约 3000 平方米。宗祠内主要有戏台一座，戏台后墙木间壁上绘有福禄寿喜彩绘，成画时间为庚寅年仲秋。两侧各建横堂屋和厢房，中间为空地，四面有围墙。房屋墙面建筑以青砖作为主要材料，木质门窗，碧瓦青砖，斗拱飞檐，气势宏伟，古风貌至今犹存。

下白田村杨氏宗祠

下白田村杨氏宗祠
戏台顶藻井

下白田村杨氏宗祠

火田坳村李氏宗祠

火田坳村李氏宗祠戏台

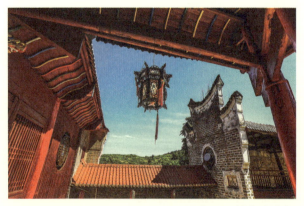

火田坳村李氏宗祠

9. 八宝镇火田坳村李氏宗祠

李氏宗祠由李坤南家族于民国二十一年（1932年）出资兴建，民国二十三年（1934年）完工，占地约7000平方米，当时花费上万银元。整个祠堂雄伟大气，设施齐全，其中正殿五间，两边厢房均为两层楼房。中间是天井操坪，全鹅卵石铺设，前面是戏台房加配套屋，可供大型剧团演出。戏台顶部为一朵很大的莲花造型，两边木雕窗棂，雕刻龙凤、花草、虎豹，栩栩如生。戏台采用全木结构，大如面盆。柱垫石都是由青花岗岩打磨、刻有花草的八角石鼓，祠堂前正三门后两耳门全用条石作门坊，条石正面刻有对联三副，其中两副为："要好儿孙须从尊祖敬德起，欲光门第还是读书积善来"，"宝殿雄伟焕发神

火田坳村李氏宗祠壁画

威光社稷，玉宇壮观增扬显圣泽民生"。两侧刻有八仙图案，石狮、麒麟分立两旁，鸟兽栩栩如生。

李氏祠堂在新中国成立初期为火田乡政府机关办公用地，20世纪60年代后期，改为中学达十年之久。李氏族中贤人志士于2016年清明祭扫时，倡议将祠堂修缮恢复。李氏后人踊跃捐资80余万元进行修缮。2013年，永州市人民政府公布其为市级文物保护单位。

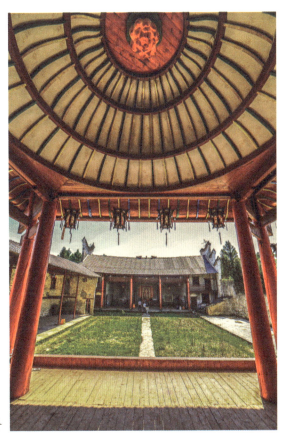

火田坳村李氏宗祠戏台顶藻井

新华村杨氏宗祠

10. 白水镇新华村杨氏宗祠

　　杨氏宗祠坐落于白水镇新华村（原洲上村）杨家大院的前中央，建于民国二十年（1931），由杨华清出资修建。杨华清曾任宁远、靖县、永兴三县县长，后因故辞官。杨氏宗祠建成后曾成为杨氏族人习文练武的场地。距今已有近百年。整个宗祠占地面积3000多平方米，建筑面积2000平方米。至今保存完好的有房屋两栋，大厅一间，戏台一个。中华人民共和国成立后，先后在此兴办洲上里小学、三江中学，20世纪80年代后，用作村级活动场所。2017年"7·2"洪灾又使部分房屋倒塌，杨氏宗祠亟待整修。

新华村杨氏宗祠

新华村杨氏宗祠戏台

新华村杨氏宗祠戏台

新华村杨氏宗祠

11. 羊角塘镇泉口村果华宗祠

　　果华宗祠，俗称泉口祠堂，为当地张姓宗祠。祠堂前有四房大屋院，始建于清道光二十二年（1842）。该祠堂为张氏再果、再华两系的后代子孙共同所建，故称果华宗祠。宗祠布局相当合理。主体工程是以青砖灰瓦青石为主的砖木结构。祠堂内四周台基、墙角及阶檐均以长条青石铺砌，天井和房内均由青石板和青砖铺垫。祠堂内桁条和楼枕均用木质天花板遮面，门窗、灵台、匾额、屋檐上均有高水平的浮雕、平雕、篷雕。梁上刻有龙凤、麒麟、狮子，墙上绘有花草、禽鱼、鸟兽，还有戏剧和神话故事。游亭采用木榫结构，飞檐翘

泉口村果华宗祠飞檐、翘角、壁画

泉口村果华宗祠

角，四周画有壁画。各厢房的外侧均建有封火山墙，山墙的两头塑有鳌鱼翘脚。游亭、山墙、翘角、天井、花窗、大门、牌坊、出挑、枋撑、窗棂之木雕、彩绘、嵌图，题材丰富，构图优美，造型逼真，工艺精湛，雕刻细腻。祠堂分前厅、中厅和正殿三部分，四周筑有两米高的围墙。占地面积3000平方米，建筑面积2500平方米。

民国初年，此地创办张氏果华小学，中华人民共和国成立后改名为泉口小学，现作为村红白喜事理事会活动场所。

泉口村果华宗祠

12. 羊角塘镇大兴村邓氏宗祠

　　大兴村邓氏宗祠前身是应诚祠堂，又称应诚学校，应是城山头应诚公后裔聪、秀、泰、隆四大房共建的。原址在现祠前端南侧，一进两横。

　　据老人回忆，大概在1946年，应诚公祠堂用作教室的厢房倒了一面墙，子弟没了读书的地方。于是族人计议，重新建一座规模较大的祠堂，解决子弟读书问题。

　　1948年秋，在原祠西南上方20余米的地方，一座宽25米、深13.5米、高14米的轿顶式砖木结构大楼，屹然耸立于城山头大兴村新屋涧町中，形制十分气派、壮观。建筑物右马门石框上刻着的一副对联"势挟云仙凌霄汉，气承太白焕宗桃"形象地描绘了这一气象、景观。

　　祠堂为轿顶式，内部中间地面是个凸形的开阔大厅，上面没置楼层，没安楼面，直冲到顶；左右分上下两层，有木制扶梯可供上下；楼上楼下共设有四个大房间，四间小房间；楼上左右两间大房前面出有2米宽、5米长的走廊。这种设置俨然是一座新式学堂的设置。祠堂左马门石柱上刻着一副对联，"敬宗修祠昭假烈祖，育才兴学启迪后昆"。1949年中华人民共和国成立时，这座崭新的建筑，就成为新政府办学的首选。学校名字叫新屋涧学校。

　　经过2009、2012、2015年前后三次维修、装饰，邓氏宗祠面貌焕然一新。

大兴村邓氏宗祠

13. 梅溪镇广歧村陈广公宗祠

　　陈广公宗祠位于现在梅溪镇广歧村中间槽门和则古院子中间，是陈氏家族协商大小事情之地，也是陈氏家族兴旺的历史见证。

　　该祠于明正德七年（1512）由陈广公后代始建，建筑面积达1300余平方米。宗祠坐北向南，后有正殿，两边有厢房，前面有戏台。两边厢房有走马楼，又称女楼，专供妇女看戏所用。四周墙上画有龙凤等各种动物图案，栩栩如生。屋上还有雄狮数对，正殿和戏台为全木质结构。具有较强的湘南地方建筑特色。

　　陈广公宗祠历经300多年后有所损毁，于清同治

广歧村陈广公宗祠戏台

广歧村陈广公宗祠旁古民居的壁画

十四年（1875）由陈氏族人捐款、族人陈宏存主持，重新进行了维修。

宗祠于 1973 年改为广歧大队小学，两边厢房由两层楼房降为平房。1984 年正殿被拆毁，但两边厢房和戏台基本保存完好。百余年来陈广公宗祠一直是陈氏家族和周边群众休闲娱乐、文化交流的地方，也是该村分布在全国各地的父老乡亲们儿时的记忆和永久的牵挂。具有较强的历史人文价值和观赏价值。

侧树坪村杨氏宗祠

14. 潘市镇侧树坪村杨氏宗祠

　　该宗祠为杨姓该支始祖杨六十八郎于清乾隆四十八年（1783）集民间能工巧匠精雕细琢，至清乾隆五十一年（1786）告竣。为下七渡杨氏望族议事、祭祀、求学等宗族活动之场所。清末之后，杨氏宗祠进行了两次较大规模的增修扩建。祠堂系砖木结构，四进三横，呈"目"字布局。总占地面积 2875 平方米，建筑面积 2581 平方米。杨氏宗祠以正中大门为中轴线，两边房

侧树坪村杨氏宗祠（县住建局村镇办提供）

侧树坪村杨氏宗祠戏台　　　　　侧树坪村杨氏宗祠

屋对称排列。该祠设计合理，前后四进。第一进为前门，系单层平房，为
储放族上公产公物之室和管理、守护人员之住所。第二进为正门，是族
长、乡绅平时议事之所。该进两头为上下两层楼房，中心正门用砖石筑成
牌坊式门楼，门楣上方刻"杨氏宗祠"竖匾，匾下正门石门框上刻有填
金水对联一副："宗庙重兴天开地辟，子孙有庆山高日升"。第三进为中
堂，是供奉神主牌位和从事重大族务活动的地方。中堂为整个宗祠的主要
建筑。

　　第三进与第二进之间有四角起翘的歇山青瓦屋顶游亭，三面用薄板隔断
在其上安装雕刻花窗。

　　第四进为佛殿，主要是供奉孔子、财神、关公等神像。两边为厢房。

　　四进之间设有飞檐翘角的游亭和天井。整个建筑结构紧凑，布局得体，
错落有致。其游亭、山墙、天井、花窗，具有典型的湘南建筑风格。其大
门、柱础、牌坊之石雕，挑檐、柱饰、枋撑、窗棂之木刻，墙壁、地板之彩
绘、泥塑，汇集了传统文化之精髓，融合了古代建筑之风格，具有较高的历
史、艺术价值。2003年被列为永州市文物保护单位。

柏家村柏氏宗祠

15. 潘市镇柏家村柏氏宗祠

柏氏宗祠由柏氏族人集资，于清光绪八年（1882）兴建而成，民国八年（1919）重建。据说当时柏氏族人为宗祠选址产生了分歧，最后决定，有块千余斤重的石头，看谁抱得远，胜利者把石头抱到何地，宗祠就建于何地。最后由新屋院一个大力士将石头搬至了现宗祠所在地。

宗祠古朴典雅。后面两进一横为二层砖木结构，是祭祀祖先集会的地方。中间左右为木质厢房。前面为戏台，分四层木质结构，雕龙画凤，木雕狮子栩栩如生，并逐层递减，由一楼16个逐级递减至4个，戏台隔音效果

柏家村柏氏宗祠

极佳。柏氏宗祠是祁阳乃至永州独一无二的
既古朴又具有文化价值的宗祠，可惜在改作
马鞍岭人民公社办公场所时，将前面厢房、
戏台拆除，仅后栋仍保存原貌。

八角岭村邓氏宗祠

16. 潘市镇八角岭村邓氏宗祠

  邓氏宗祠坐落在湘江左岸八角岭山脉石子凹脚下老司里，始建于清乾隆五十年（1785），土木结构，建筑面积 250 平方米。祖先邓应宣从江西吉安迁至祁东归阳，沿河捕鱼为生，在老司里落地安居。先后在此地修建了杨泗庙、古戏台、邓氏游亭、邓氏后院。邓氏宗祠于2011 年重新修缮，现有古石刻 1 处，石刻对联两处，具有重要的保护价值。大戏台单独修建在湘江岸边，是道县到湖北白沙洲

八角岭村邓氏宗祠旁河边戏台

水路上的三个半古戏台之一（从河面停靠的木排上能看到整个戏台演出的叫一个戏台，只能看到一半的叫半个戏台，此戏台能在木排上看到全部演出）。

17. 七里桥镇栗曾村文隆公宗祠

文隆公宗祠位于七里桥现栗曾村。始建于清乾隆年间（1736—1796），复建于民国十七年（1928）。位于现栗曾村栗山坪四组地段，占地面积4.1亩，建筑面积两千余平方米。整个宗祠是一个四合院：前栋中央为戏台；后栋中央为正殿；左右两边为厢房。

宗祠是族人议事聚会之所，如祭祀、庆典、办公、唱戏等。中华人民共和国成立后，1964至1969年作为文家冲乡政府办公用地。现主体保存较好。

栗曾村文隆公宗祠

栗曾村文隆公宗祠

栗曾村文隆公宗祠

排楼湾村邓氏宗祠

18. 七里桥镇排楼湾村邓氏宗祠

邓氏宗祠位于七里桥镇排楼湾村，为旌表邓大森祖孙三人而立，有四座牌坊，因建牌楼而取名排楼湾。邓大森为邓球之父，曾诰封南京户部郎中，邓球之子邓云台曾任邯郸县令。邓球弃官回到祁阳，修建了一系列建筑。现排楼湾邓氏宗祠为1928年重修，分前后两栋。前栋宽12米，高7米，现保存较好。祠前有石刻对联一副："诚意正心聿怀先德，义濡仁洽垂裕后昆。"祠前壁上左右各有八幅水彩壁画，都是古戏文故事，如"鲤鱼藏刀"。左右山墙顶缘皆有水彩壁画，左右各现存八幅，内容已模糊不清。其中右边有幅还比较清晰。内容为一武将骑高头大马，手提大刀，画中右前方是城楼、城门。此宗祠1950至2000年作为排楼湾小学校址，后栋已改建成两层红砖楼房，现为排楼湾村办公地点。

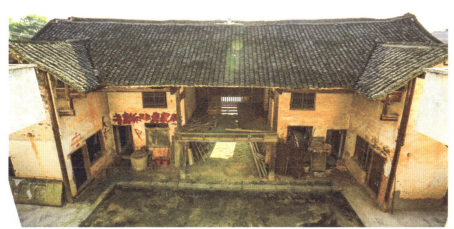

排楼湾村邓氏宗祠戏台

排楼湾村邓氏宗祠壁画

梓梁村刘氏宗祠

19. 下马渡镇梓梁村刘氏宗祠

　　刘愚门公祠堂，位于下马渡镇梓梁村，修建于清光绪年间（1875—1908），清光绪二十五年（1899）竣工。为青砖瓦房，坐北朝南，一正两横。

进入大门有一座戏台，四面封有围墙，总面积约900平方米。祠堂建筑雄伟，木石工匠心灵手巧、技艺精湛，雕龙描凤，栩栩如生，绚丽多彩，金碧辉煌。

　　院后三面群山环绕，树木葱茏。东靠熊罴大岭，西傍大华山，北倚筱岭，苍松翠竹，山清水秀。南面一马平川，有一条公路，15千米路程直达祁阳县城。

梓梁村刘氏宗祠

梓梁村刘氏宗祠戏台

梓梁村刘氏宗祠木雕

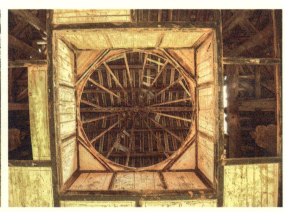
梓梁村刘氏宗祠戏台顶藻井

梓梁村梁氏宗祠

20. 下马渡镇梓梁村梁氏宗祠

梁氏宗祠位于下马渡镇梓梁村，始建于清道光二十六年（1846）。宗祠为四合院，从大门进入就是一座青砖木料结构的古戏台。古戏台面积不大，100平方米左右，两边的走廊连接两边厢房，大门两侧有副石刻对联，至今保存完好。

戏台上装饰有大量彩绘，人物、禽兽、鸟鱼、花草，雕刻得栩栩如生，活灵活现。后有正堂一室三间，两侧为厢房，厢房前墩子由尖角形的青砖墙体建筑而成，绘有龙凤图案，古香古色。

中华人民共和国成立前曾在宗祠内创办私塾学堂，为"梁氏私立益智小学"。中华人民共和国成立后将私立小学改为公办小学，校名为"梁家湾小学"，为发展教育，曾对宗祠进行改建扩建，新建了礼堂。

梓梁村梁氏宗祠戏台

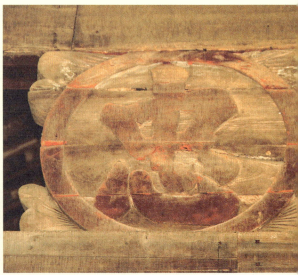

梓梁村梁氏宗祠木雕

21. 下马渡镇营盘町村李氏宗祠

李氏宗祠坐落在祁阳县下马渡镇营盘町村。始建于清朝，历史悠久，文物内涵丰富，民国二十二年（1933）重修，2018年再次修缮，现保存完好。

顺着大门向上看，大门上嵌有石框，刻着一副对联："成孝成忠义重千秋绵血统，作师作帝风遗百代壮天精。"石框上方刻有"李氏宗祠"四字。祠堂装饰艺术较为丰富，梁架、柁墩、雀替雕有栩栩如生的人物、花卉等图案。祠堂为四合院结构，花岗岩墙基，青砖封火山墙，碌灰筒瓦，精美的石雕、砖雕、木雕在祠堂内随处可见。

如今逢年过节，祠堂依然会坐满乡亲。大家畅谈幸福生活，展望美好未来。

营盘町村李氏宗祠

营盘町村李氏宗祠石雕

营盘町村李氏宗祠花窗

马斯坪村团山湾祠堂

22. 黎家坪镇马斯坪村团山湾祠堂

团山湾祠堂在黎家坪镇马斯坪村。团山湾有一人名曾天莲，发财后生下独子曾骆驼，非常高兴，于清顺治十七年（1860）修建了团山湾祠堂。祠堂坐北向南，为四合院形式。南门大门为石门框，两条约三米高的门框上刻着一副对联："庙貌重新泗水薪传垂一贯，人文蔚起庐陵世泽绍千秋"。祠堂修好后，儿子金榜题名当县长，调往新宁，后逝于新宁，从此家中无人。1958 年，此祠堂改为粮库。1968 年，这里又先后办起了马斯坪小学和马斯坪中学。学校解散后，即成为一座古老的空房。因年久失修，现已成危房。

马斯坪村团山湾祠堂

马斯坪村团山湾祠堂浮雕

马斯坪村团山湾祠堂

三官塘村唐宪公祠

23. 文明铺镇三官塘村唐宪公祠

　　清康熙至雍正年间（1662—1735），该村湾里大塘边连出七品以上朝廷命官3名，因而得名"三官塘"。其中一官员名唐宪公，在村东大沙坪建四合院，叫唐宪公祠，占地面积约6600平方米，院内建有大戏台。房屋为青砖木头结构，大门高3.95米，门头正中竖排"唐宪公祠"四字，字下方有八仙图石雕，两侧石门框有对联："桐叶启新封孙枝蕃衍，凌烟彪伟业祖德维馨"。对联以飞龙舞凤饰边，字为隶体。门窗皆雕刻飞禽走兽，惟妙惟肖。中华人民共和国成立后，此院曾被征用作村小学。

三官塘村唐宪公祠

三官塘村唐宪公祠花窗

三官塘村唐宪公祠

云排岭社区李氏宗祠

24. 龚家坪镇云排岭社区李氏宗祠

李氏宗祠位于龚家坪镇云排岭社区，始建于清朝末年。此祠为砖木结构，砖为青色，大厅由多根木柱支撑而成，大厅木柱全部用红漆粉刷，大厅空旷，设置巧妙合理，气势宏伟。曾在当时用于办理李姓的各种红白喜事、宗族会议和大典，在新中国成立后曾用于公社开办食堂，2007 年改为原云排岭学校老师和学生的食堂。因为年久失修，现房屋已经开始漏水，墙面开始斑驳，门头木已经腐落。宗祠因成危房而关闭。

云排岭社区李氏宗祠

长吉村邓氏宗祠

25. 凤凰乡长吉村邓氏宗祠

长吉山原是一块荒山坡地。邓氏第四代先祖文芳公看中此灵山宝地，命五子本锡于清嘉靖年间（1797—1820）携子孙自肖家镇九泥坝迁居长吉山老院子居住。然丁繁子衍，人口众多，另立新院子。子孙各迁新宅，分伙而居。时经200余年的人丁繁衍，人口发展近千人。

老屋院子地窄人多，无法公祭。清乾隆三十七年（1772），选择禾树山中心地点另建新祠。全族踊跃参加，出资献力。择日动工，烧砖伐木，殿内正柱，就地取材。据传说：百人投工，就餐只有99人，乃仙人所助。又传说：主体竣工上梁之时，忽有蜜蜂环绕正殿庆贺，乃吉庆之兆也。

大殿雄伟壮观，梁上雕龙刻凤，奇花异草，格外醒目。内设精制神堂，上有列祖列宗神位，神坛有楹联曰："俯就阶前神翼翼，仰瞻阁下气森森"。

正殿两侧均有厢房陪护，内设掌堂寝室，为族人议事之场所。前有围墙大门。门内建有八斗戏台，上刻龙凤呈祥、八仙过海，工艺精湛，美观大方。长吉山立业以来，邓氏子孙勤耕勤读，人才辈出。梁上功德匾额无数，院外桤子林立。

长吉村邓氏宗祠

正殿建成距今240多年，因年代久远，风吹雨打，三面砖墙又是石灰砖泥结构，出现不同程度的裂缝，古柱虽然还在，梁上枋木、桁条都已腐烂，各种雕花残缺不全，现已成危房，亟待修复。

长吉村邓氏宗祠梁上的古寿匾"懿德遐龄"

长吉村邓氏宗祠
石雕

第五章
古街道

　　县治是政治、经济、文化、交通的中心，官署、商店、学校、文化设施，都建在街道两旁。由于地势、时代的不同，县城街道建设的位置、式样也各不一样。明景泰三年（1452），县治迁至檀山湾（今县治）时，便将县署建在马王岭高阜上，义仓建在县署后，均是城内最高处。虽然避免了水淹祸患，但离当时的主要运输航道湘江及其支流祁水较远，不利于货物的装卸。于是，沿河一带的杨家桥、新桥街的繁荣便应运而生；接着城内的东正街、东长街、黄道街、南长街、新街等离湘江近的街道也相继出现。20世纪30年代以前，县城东南便成了商贾云集的闹市。1940年后，县城屡遭日寇轰炸，至1944年，县城所有街道都是残垣断壁，几成废墟；东南商业区财货丧失殆尽，一蹶不振。随着衡桂公路和湘桂铁路的通车，公路、铁路比水上运输更方便，西北城区的北正街、罗口门、汽车站等临近公路的街道，就逐渐繁华起来。

　　古代祁阳主要集镇有白水、文明铺、观音滩、大忠桥、潘家埠、黎家坪、归阳、洪桥等处。改革开放后，县城建设日新月异，古乡镇也旧貌变新颜，所剩老街寥寥无几。本章仅拍摄县城17条老街和集镇8条老街的部分照片，留作时代见证和历史回忆。

第一节　县城古街道

1. 宝塔街

　　明万历元年（1573）进士邓球出资在湘江东岸万卷书崖上建文昌塔，因此街靠近宝塔，故名宝塔街。清顺治十三年（1656），名东江街。"文革"时期，名工农街。1982 年仍名宝塔街至今。此街从原海水湾农械厂（后改为浯溪机器总厂）、祁阳师范右侧经祁阳一中东接天马路口，全长 704 米，宽 5 米，原系青石板路面，1984 年改建为混凝土路面。原有居民 196 户，已改建住房 169 户，均系砖木结构二至四层楼房，还有 27 户住房未改建，保持原有风貌。

宝塔街

东长街

2. 东长街

　　明景泰三年（1452）名总铺街。道光二十八年（1848），名药王街。民国十九年（1930）名东长街。"文革"时期改名工人路。1982年仍恢复原名东长街至今。此街从人民东路路口起至东正街街口止，全长329米，宽6米。清康熙四十八年（1709），创建"药王庙"。清光绪二十二年（1896），叶同盛之弟叶云峰牵头，在迎秀门与黄道门两街相交处，开设商号名叶同盛，以经营花纱为主，年销棉纱达2万件以上，成为祁阳城关商界巨头。全面抗日期间，铺面被日机炸毁，遂迁往衡阳。原有居民60户，已改建住房54户，全属砖木结构二至四层楼房，尚有6户住房未改建。

东长街

东正街

3. 东正街

民国二年（1913）名兴隆街。民国十九年（1930）名东正街。"文革"时期名红旗路。1982年仍恢复原名东正街至今。此街从迎秀门起至通官桥龙山完小门口止，全长180米，宽6.6米，青石板路面。1984年改为混凝土路面。原电机厂、煤炭公司、电机厂家属宿舍都建在此街，多数住房系青砖建造。此街南面系迎秀门码头。在公路、铁路未修通的情况下，迎秀门码头是物资流通的良埠。

福泰林钱庄，坐落在东正街，是迎秀门规模最大的商号之一。"吕大德堂药号"，建于迎秀门城门口，是药业中的魁首。民国十九年（1930），商人邓协臣集股在迎秀门魏家园创办"民智影院"，是县城最早的一所电影院。

据2004年统计，东正街有居民38户，现有30户已改建住房，一般为砖木结构二至四层楼房，还有8户住房未改建。

东正街

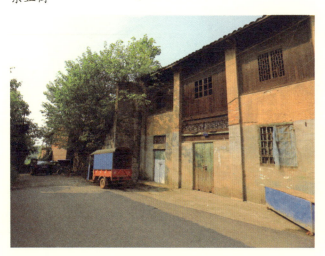

4. 黄道街

清顺治十三年（1656）名十字街。道光二十八年（1848）名黄道街。1967 年改为解放路，1982 年复名黄道街。黄道街是古代的城墙内街。街侧紧靠黄道门，故名。自人字街、昭陵街交汇处向东直抵黄道门码头，全长 294 米。1987 年扩街，改原 4 米宽的石板街为 9 米宽的混凝土路面。原有居民 217 户，已改建住房 200 户，都系砖木结构二至四层楼房，尚余 17 户住房未改建，系一层砖木结构瓦房。

黄道街

黄道街

5. 西横街

西横街

清顺治十三年（1656）名北关横街。清道光二十八年（1848）名横街。民国时期名西横街。1967年名反修路。1982年仍恢复原名西横街。此街在朝京门外，紧靠右侧城墙，对面是阿司巷。梁方闽住宅正梁上曾发现写有"明永乐十三年建"字样，证明此街的创建最迟不晚于明代。开始只有7座平房，清代增加到十四座。有一家大门曾挂有"进士"木匾，其余均系民国建筑。此街主墙体多用土砖，间墙是篾笆子粉墙或木板墙，一般屋高为5米。街长200米，原街宽1米，街面铺石板。清嘉庆时祁阳县邮传总铺——白沙铺设在此街。1953年此街改建，加宽到2米；1982年加宽到4米。民国时期，此街有70户人家，除两家开设南杂店外，其余各户大都以织土纱布为生。1983年街道改为混凝土路面。现有居民129户，大部分住户已改建住房，只剩下少数住户未改建，仍有几分旧时风貌。

西横街

西外街（县档案馆提供）

6. 西外街

　　从原罗口门外至白沙路口，全长 600 米。西外街创建于清顺治十三年
（1656），原名直街。民国十九年（1930）名西外街。20 世纪 80 年代前期名
人民西路。此街原是土砖墙，竹木房子，路面狭窄，只有 2 米 ~3 米宽的青
石板路面。1946 年因起火后，重建街面，将街道扩宽到 4 米，改为卵石路
面。西外街因靠近公路，逐渐成为繁华街道，日寇投降后，均茂南杂店、同
和斋、惠生和南货店、博爱医院（今县中医院的前身）、何南轩膏药店、敖
天德药店等均设在此街道。1951 年改为三合土路面。1991 年至 1993 年扩宽
路面。拆迁单位 20 个，拆迁房屋建筑面
积 5057 平方米。将街道截弯取直，街道
扩宽到 18 米，其中车道 13 米，人行道
5 米，形成了混凝土路面，并安砌 250 毫
米 ×250 毫米的混凝土道板砖和混凝土
街沿石。县中医院、县人民完小、椒山
综合市场、县生资公司（现已改制）、县
人民保险公司等驻此街。

西外街（县档案馆提供）

　　西外街与原北正街、半边街和新建
的原火神庙至人民码头一段街道现已被
县政府命名为人民东路，全长 1800 米。

7. 新桥街

新桥街

　　建于清顺治十二年（1655）。自施家井至潇湘楼，全长80米，宽3米。"文革"时期名湘江支路。1982年将原米厂街合起来统称新桥街至今。此街靠祁水，河边的多数房子是竹木结构的吊脚楼。民国十二年（1923）九月起大火，共烧毁铺面房57座，唯有尹顺和另一家有封火墙而幸免。以后此街北面多建封火墙房子，沿河一带仍为竹木结构的吊脚楼。民国十三年（1924）唐九莲倡首募捐修新桥，此后，此街取名新桥街。1944年新桥被炸毁。祁水上游山冲，盛产土纸，农民将土纸水运到县城经过新桥街，新桥街就成了一条土纸街。原有居民76户，房屋拆迁改建的很少，基本保持原貌。2017年7月2日祁阳发生特大洪水，新桥街部分旧房倒塌。2018年县政府已将该路段列入"棚户区"改造范围。

新桥街

8. 杨家桥街

清顺治十三年（1656）名河街。民国二年（1913）名上河街。民国十九年（1930）名杨家桥。文化大革命时期名湘江支路。1982年仍名杨家桥至今。此街从驿马门（长乐门）至杨家桥，全长500米，宽3米，石板路面。南面为竹木结构的吊脚楼，北面部分为城墙，部分为铺面房。此街系河街上游，故称上河街。过去因铁路、陆路交通不便，货物流通靠水运。上河街的杨家桥段，在明清时期就成船埠码头，为县城物资交流四大场所（杨家桥、

杨家桥街

宝塔街、罗口门、王府坪）之一。清末到民国，福建帮的潮烟，江西帮的药材、首饰，衡阳帮的南货，邵阳帮的铁货，江西帮的界牌瓷器等纷纷入境。鸦片战争后"洋货"又纷纷输入，各商号按货物性质分类集市。粮食集中在杨家桥，便成为大米交易市场。此街的三种小吃也最出名，一是"米豆腐"，二是凉拌粉，三是箩榨豆腐。1984年将原石板路面改为混凝土路面。原有居民63户。2004年因改建沿江路，只有三户因某种原因未拆，其余房屋全部拆除重建。

杨家桥街

下河街（王昌华／摄）

9. 下河街

　　清道光二十八年（1848）名河街。民国二年（1913）名下河街。"文革"时期名湘江支路。1982年仍名下河街至今。此街自潇湘楼起至黄道门轮船码头，全长500米，路面宽1米~2米。在祁水与湘江交汇处，水面大，水位深，是泊船停排的集中处。下河街中段是迎秀门码头，上装下卸，人流不息，热闹非凡。此街至今仍为青石板路面，街宽1米~3米，沿河一带均系竹木结构的吊脚楼。北面为城墙。原有居民76户，基本上保持原貌。新规划的沿江东路因靠近湘江河边，此街属拆迁范围。

下河街

10. 人字街

民国二年（1913）名学宫街。民国十九年（1930）名人字街。1967年名向阳路。1982年复名人字街。此街北沿泮池抵步蟾桥，东沿泮池向青云桥，街口呈"人"字状。自人民东路经黄道街与昭陵街连接处组成"十"字路口，再延至步蟾桥与甘泉路接线，长300米。原为3米宽的石板街。1984年改为沥青路，1987年扩宽至12米，人行道每边宽2米。除三间铺面外，其余均已改建。

人字街
（县档案馆提供）

11. 昭陵街

　　始建于明景泰三年（1452），名四牌楼街。清道光二十八年（1848），名昭灵街。中华人民共和国成立后称昭陵街。"文革"时期名解放路。1982年复名昭陵街至今。在昭陵街口有一处陡坡，名伍家陡码头。

　　此街西接人民东路，东抵人字街，全长242米。原只有4米宽的青石板路面，1951年改石板路为混凝土路面，街扩宽到6.6米。原有居民147户。已改建住房133户，尚有14户住房未改建，系土木结构一层的瓦房。20世纪八九十年代至今为县城个体商业服装、布匹销售中心市场。

昭陵街

新街

新街

12. 新街

　　清顺治十三年（1656），名大兴街。清同治六年（1867）九月，大兴街大火延烧半城，把飞虹桥至迎秀门段民房全部烧毁，大兴街烧毁殆尽，重建后俗称新街。"文革"时期，名建设路。1982年仍名新街至今。此街从长乐门东折直达南司街，全长200米，原街宽4米，青石板路面。1978年改石板路为混凝土路面。民国初年江西人吴凌云来祁阳县城，在新街口开设"九思堂书纸店"，主要经营自印自钉木刻版古书，如"四书五经"之类的《三字经》《增广贤文》等类书籍和笔墨、纸张，特别是各种色纸最多。民国二十九年（1940）房子被日机炸毁，木刻版被烧毁后停止营业。现有居民62户。原住房系土木结构和竹木结构，54户现已改建住房，为砖木结构二至四层楼房，还有8户住房未改建。大众完小、原县建筑公司设在此街。

县前街

13. 县前街

始建于明景泰三年（1452），原为3米宽的石板街，有石砌街心码头，时称小码头。清顺治十三年（1656）名县前街。民国十九年（1930）名西长街。1967年名前进路。1982年仍更名为县前街至今。此街东抵人民东路，北抵中仓街，全长430米。1984年将街道从3米扩宽到6米。将原青石板路面，改为混凝土路面。此街系清末至民国初期县衙所在地，有县前街"顶子"之称，也是最繁华之街。街上的铺面，都是封火围墙，全系青砖木结构。民国十年（1921）后，衡阳人自带一部石印机来此街开设一家石印店。民国十八年（1929）秋，归阳高芝集资在此街开设"祥泰铅印局"，这是祁阳有铅印之始。

江西人在此街相继开了"老凤翔""老万年""老天宝"三家金银首饰店。原有居民173户。168户住房已改建，全系砖木结构三至四层楼房。20世纪50年代，祁阳县人民委员会（县政府）驻在此街，县公安局、县法院、县司法局曾设在此街，现已陆续迁出。

14. 中仓街

明景泰三年（1452）名中仓街。这条街从官府粮仓（常平仓）经过，故名中仓街。此街从三宣祠至唐必荣公祠一段曾名复兴街。两侧共有10座祠堂，故有祠堂街之称。最有名的是刘铁夫家族的刘氏宗祠，老百姓称刘家祠堂，还有黄氏宗祠、张氏宗祠、伍氏宗祠、傅氏宗祠、郑氏宗祠、陈氏宗祠、唐必荣公祠、雷氏宗祠、彭爱吾宗祠。此街北接人民东路，南抵县前

中仓街

街，全长 380 米，当时街宽 6 尺，为青石板路面。1952 年改石板路面为混凝土路面，街宽扩至 6 米。原有的 10 座宗祠已由县属各单位改建成办公楼。县粮食局、县总工会、县民政局、县林业局、县水利局等单位曾设在此街，现只剩县商务局还在中仓街办公。

中仓街

第五章　古街道

南司街

15. 南司街

  民国二年（1913）名司前街。民国十九年（1930）名南司街。"文革"时期名民生路。1982 年仍名南司街至今。从原县法院审判庭门口起至原祁阳报社门口止，全长 175 米，原街宽 3 米，青石板路面。1984 年改为混凝土路面，街道扩宽到 5.8 米。清康熙十八年（1679）建"绥来祠"于南司街。清同治六年（1867）十月，忠靖街失火，延烧到南司街。有 40 余户居民受灾，损失极大，事后将原旧房改为砖木结构，封火围墙。曾为国民党县党部所在地，又称"县党部街"。现有居民 52 户，47 户已改建住房，为砖木结构的三至四层楼房。

南司街

16. 南长街

　　始建于明景泰三年（1452），与东长街统称总铺街。清道光二十八年（1848），名忠靖街。民国十九年（1930），名南长街。"文革"时期，名红卫路。1982年恢复原名南长街至今。此街从人民东路路口往西至新街街口，全长403米，宽3米，青石板路面。1956年改石板路为混凝土路面。路面扩宽到9米。1986年《祁阳报》复刊，驻南长街31号（后改为71号）。

　　南长街现有居民89户。2003年因沿江路扩建，街道两旁古建筑大都被拆毁，此街现已成为沿江路的一部分。

南长街

17. 幸福街

清顺治十三年（1656），名唐家陡。道光二十八年（1848），名三圣街。民国时更名为西正街，中部陡坡段建有青石板街心码头（名大码头，即驿马门码头）。1982 年名幸福

幸福街

街至今。大众小学临此街 30 米，有小巷直达。据旧县志记载：此街自三圣祠南折至码头下直达长乐门（对面为孙市）。全长 500 米，原街宽 4 米，青石板路面。1976 年改石板路面为混凝土路面。幸福街是古老的一条街。福利工厂的右边为三圣街，左边为唐家陡直通湘江河边、杨家桥渡口。两者合成幸福街。中华人民共和国成立前，祁阳娼妓盛行，妓院集中在唐家陡一带。

现有 142 户居民。住房原系土木结构一层的瓦房，现已改建住房 135 户，为二至三层的砖木结构楼房，只剩 8 户住房未改建。

幸福街

第二节 乡镇古街道

1. 观音滩镇码头街

观音滩为古镇，码头街为明洪武年间（1368—1398）建成。当时只有16户住户，靳姓占半数以上，取名为靳半街。全街长450米，宽5米，石板街面，呈陡坡形，四级条石台阶，街头街尾各有一道闸门，以防盗贼入街。有豆腐店、神佛贡品店、杂货店、米行、伙铺等。民国初期，由于湘江河道运输兴旺，街道逐渐繁荣，居民增多到60余户，经商的有30家，靳半街改名为复兴街。中华人民共和国成立后，将复兴街与50米长的塘湾咀半边街连接，再次更名为码头街。1951年原观音滩区公所设在此街。1964年街道扩宽至8米，两边阶台各0.5米，改石板街面为三合泥街面。1968年，原观音滩供销社机关和营业部以及工商行政管理所、营业所也设在此街，并扩大农贸市场。1974年将街面水泥硬化。1989年将水泥街面油砂化。1998年观音滩农贸市场从老街迁至新市场。从此，码头街成为住家为主、少数经商的过路街。现在全街住户404户，其中经商的20户。

码头街（王昌华／摄）

码头街（王昌华／摄）

码头街

滴水老街

滴水老街

2. 茅竹镇滴水老街

　　滴水老街系明末清初建筑，位于茅竹镇滴水湘江之滨。街长400余米，两边店铺均用马头墙间隔。街面宽2.5米，铺以方形青石板。街边用青条石砌筑，整齐划一。条石外边是檐沟，亦铺青石板。每隔一段距离，置一青石雨水井，雨大不溢。街两头设有街门，现门兜、门顶、榫眼尚存。青砖、黛瓦、马头墙、青石板，饱经历史沧桑，更显得粗犷、古拙，别有韵味。西南街口不远处有滴水岩，岩内常年滴水，故名之。顶上有朝天洞，纳天地之灵气，受日月之精华，形成滴水岩的独特风景，与滴水岩相映成趣。走进老街，依稀可以想象当年商贾云集、店铺栉比、人声鼎沸、极盛一时的场景。电影《故园秋色》、电视剧《青年毛泽东》《陶铸的故事》曾在此取景拍摄。2003年5月该街被列为永州市文物保护单位。

滴水老街

第五章　古街道

大忠桥镇老街

3. 大忠桥镇老街

  大忠桥集镇始建于清康熙年间（1662—1722），一罗姓人氏在今正街地段修了数十间木棚，与对面的十来间瓦房相对，便形成街道，当时街道长不过百米，宽只有两米。卵石嵌成的街地面，每逢圩日，拥挤不堪，挑箩者要将箩筐举过头顶，方能行走。到乾隆年间（1736—1796），于此地建房者增多，大忠桥逐渐形成九街、十巷、四桥的小镇。

  中华人民共和国成立后，此街逐年得到扩宽延伸，已成为长 1000 米、宽 10 米的镇内大街。两边住户 86 户，大部分开小店营业。也有部分人修建了三至四层楼房。中国农业银行大忠桥营业所、原邮电支局大楼也位于此街。

大忠桥镇老街

4. 八宝镇黄家渡老街

八宝镇黄家渡老街位于祁阳县城南端45千米处，距金洞管理区3千米，白水河东岸黄家渡口旁，原为石板路，长500米，宽1米。20世纪60年代后期，此街改建，加宽到2米，有80户人家，200余居民。到20世纪80年代末，加宽到4米，街道居民有一少部分从事南杂百货、电器维修、贩卖水果业务，其他专营竹木原料、半成品、成品和金洞林区各类特产品。到20世纪90年代末，由于此街居民大部分通过从事木材加工生意而发家致富，纷纷沿着木金公路两旁建房，但此街仍然保留着旧时的风貌。黄市人民公社（乡）、黄市中学、黄市供销社、粮站、卫生院曾驻黄家渡街。1992年，经省民政厅批准，撤销黄市乡，设立八宝镇，驻黄家渡街党政机关迁至八宝镇。

黄家渡老街

5. 白水镇沿江路老街

白水沿江路老街位于白水镇北面，是白水老三街之一的正街。沿白水河修建，历史悠久，据传是邓姓和许姓员外，于明末清初建成365间铺面，租给当地贫民、商人居住而成街市。1949年街道全长710米，宽3米，青石板路面。有庵堂祠庙16处，民居多为竹木、土木结构，青瓦面。1953年正街更名为沿江路。分两个居委会，是农贸集市中心。为适应经济发展需要，1958年将街道扩宽至8米，三合土路面。1991年镇政府（区管镇）投资16万元，改为混凝土路面，并同时配套改造低压线路。1951年至1969年间，利用庵堂寺庙旧

沿江路老街

人民路

址扩建成白水区公所、工商所、税务所、派出所、地区医院、小学等单位。1980年至1988年沿江路扩展为农贸市场，接建新路，全长1010米，为混凝土路面。

6. 七里桥镇龙口源老街

龙口源老街

龙口源老街从接龙桥往北，连接龙口源村部。该街道建于清朝末期至民国中期，全为土砖墙，中间间墙为木岘子。街道长108米，宽6米。在龙口源新街未形成之前，这条街是龙口源的主要商贸街道。龙口源的豆腐最出名，有民谣云："龙口源的豆腐，石家铺的酒"。因为水质好，龙口源的豆腐色白、味鲜、口感好，这条街上以前有许多家经营豆腐的铺面。老街原有住户52户，现有12户的房屋进行了改造，还有40户保持原样。

龙口源老街

7. 下马渡镇扬名山老街

下马渡因南宋抗金名将岳飞率军至祁水河畔下马渡河而得名。扬名山旧街设于祁水驷马桥头。清嘉庆十年（1805）建驷马桥，是祁阳通往过水坪、双桥的咽喉，20世纪80年代以前为下马渡集镇，每天早上赶集。此街长100米，宽3米，有32个店铺。扬名山旧街易遭水淹。集镇于1983年迁往白尼庵。

扬名山老街

扬名山老街

扬名山老街

8. 文明铺镇老街

文明铺曾称文明市。明清两代，县城西北驿道上设文明铺（邮传递铺），设铺司七名，后按州县设塘，又称文明塘。是祁阳县城通往宝庆府和衡阳府通往永州驿道的交叉处，故成为集镇。

市南北方向兴建客栈百余家。官方也在此设立驿站，修建驿道。驿道北通宝庆，南通零陵，东通衡阳，西通云贵。每天贩夫走卒来往络绎不绝，南北戏班登台献艺，其时商业发达，各行各业繁荣昌盛，热闹非凡，人称"小南京"。鸦片战争后，战乱不断，逐渐凋零，风光不再。

中华人民共和国成立后，镇内街道逐年整修扩建，已有街道13条，总长5002.6米。

太平街俗称横街，是文明铺最早建成的街，也是最繁华的一条街。位于镇中心地带，原罐子岭北侧，从娘娘庙向西，延至原十字路口，全长234米，宽4米，铺面86间，其中双铺面12间。主要经营布匹、绸缎、百货、南杂等。经1958年、1964年、1986年、1994年和21世纪初的改造，现有旧店铺已很少了。

文明铺镇老街

正兴街俗称羊古脑街。现此街东侧尚存明末建筑的阳家大屋。此街从太平街、朝圣门连接处即原十字路口起，沿山坡弯曲地向北延伸至金华门，是文明铺七街中最长的一条街，也是古代通往宝庆（邵阳）方向必经之道，宽3米~4米，长516米，铺面132个。经过中华人民共和国成立以后的历次改造，现在基本上不能窥见古迹的风貌。

文明铺镇老街

第六章
古楼古塔

第一节　古楼

　　古楼类型较多，如绣花楼、小洋楼、炮楼等古楼房，本节主要记述楼阁亭榭意义方面的楼和以楼命名的建筑物。据查，全县有文字记载的，有潇湘楼、镇祁楼、保障楼、古城墙谯楼和潘市镇多喜塘村八角楼等，其他楼阁还有很多，由于时代变迁，很多楼都已损毁。

潇湘楼

潇湘楼

1. 潇湘楼

　　潇湘楼位于泮水穿城而去与祁水交汇处，左有潇湘门。门内有庙，祭祀舜帝及娥皇、女英，朝钟暮鼓之声悠扬，因而成为祁阳古八景之一，名"潇湘钟韵"。楼旁原建有潇湘亭，几经修葺，现已无存。楼踞立在一群突起的小石山上，怪石峭峻。登其上，可俯览全城和浩渺江水，望远峰低云，看帆樯上下，观水鸟翱翔，令人心旷神怡。楼为明代始建，清顺治十四年（1657）修葺。现楼为民国初年重建，1936 年前做过修整。楼坐西向东，前面牌楼，为中西合璧建筑物，五个三层的小尖角，直上云端，颇具气势。大门为石门框，其上刻有黄霭书"木石居犹是，江城画不如"对联。两边为一层厢房，中为天井，天井中有一天然石突起，并建有绣球井，泉水清凉，可供附近居民饮用，后被填平。

　　1955 年，此楼曾作为城关镇第四居民委员会办公地，1956 年曾作"教工之家"，1968 年被县橡胶厂占为职工宿舍，1985 年 8 月复为"教工之家"。2003 年 1 月 23 日，归县文物管理所管理，5 月 15 日该楼被列为永州市文物保护单位。

潇湘楼

潇湘楼

2012年5月至2013年4月，政府共投入120多万元对潇湘楼进行了大修缮；同时，将正殿命名为潇湘观。

2. 祁阳二中重华楼

重华楼在祁阳二中（原重华中学）校内。该校为清乾隆年间（1736—1796）陈大受六世孙陈冰叔于1943年创建，原是陈姓的族学，初名祁阳私立重华中学。1955年更名为湖南省私立重华初级中学。1959年改私立为公立，收归县办，更名为湖南省祁阳第二中学。

重华楼

重华楼主体建筑分上、下两层，一层为大厅，二层为观礼台，可容纳1500人集会。大门前，有廊柱4根，用青砖和石灰砂浆砌成。柱高约11米，柱身需两人合抱，柱距约2米；靠边的两根，一半隐没在前墙中。廊柱的顶端，一律雕琢涂抹出各色图案；廊柱的上方，屋顶呈三角形，上立尖尖的避雷针。大门左右，前墙上各有三个15米高的副墙墩，它们跟廊柱一道给人以稳重和安定的感觉。大门由长方体青石砌成，高约5米，宽约2米。地上横躺着一块青石门槛，左右分立着青石门框，门楣则由一块青石横梁和两块雀尾石组合而成，使大门显得既方正又有曲线美。二楼，东西墙各开窗户8扇，前墙开窗户3扇。

重华楼前面有长廊，宽约1米，全用石质地板砖铺就；靠边有石栏，栏杆高约1米；下有护坡，高约4米，

重华楼

是2002年底翻新建造的。长廊正中往下辟有宽约10米共29级大石阶，这是重华楼与内操坪之间最便捷的通道。

3. 潘市镇多喜塘村八角楼

多喜塘八角楼为刘姓崇本、兰林二公于清乾隆年间（1736—1796）建造。刘家始祖原居石洞源榔树坪，因人丁兴旺分枝开叶，各自成家立业，故崇本、兰林二公请堪舆师相地，最后决定在下七都（现下七渡）锅底塘（现多喜塘）万人台（即现在八角楼刘家大院的坐落地）营造府第。历三年余，清乾隆癸丑年（1793）仲秋全面竣工入居。

刘家大院呈井字形，一正两横三厅四游亭八过亭四十八通道，八字槽门内，左有八角楼，右有梳妆楼。两楼台对称，均为上、中、下三层。楼顶均为八角，雄安、鳌鱼南北对峙。刘家大院无论是设计还是建筑工艺均属当时

八角楼

一流。可惜，民国中期，右边梳妆楼倒塌，现仅存八角楼。

八角楼系砖木结构。重檐，内外各四根大柱撑起四方八面成八角形。盖青灰瓦，楼高 10 米，共有三层，从楼内有板梯上下，可供登眺。二楼四周出有晒楼。登上三楼，凭栏纵目，四周山野尽收眼底，煞是赏心悦目。土改时，八角楼划归私有，近年主人曾作部分修缮，现在基本保存完好。

八角楼

第二节　古塔

　　祁阳境内多塔。塔为佛教特有的尖顶多层建筑，印度梵语叫"牟堵波"，又称浮屠、浮图。佛教东传之后，建塔技术亦随之而来。早期，塔为供奉佛骨之用，后来也用于供奉佛像、收藏佛经或保存僧人遗体。祁阳塔的用途分三种：一是风水塔，镇一地风水秀气，以免外泄，如文昌塔等。二是惜字塔，这是古代专门为烧毁书写废纸而建造的。祁阳没有藏经书的塔，却有惜字的塔，与藏经、惜经的意义大体相同。三是葬僧人遗体，如吊楼湾的小塔。塔的建筑造型，因用途而异，或小巧玲珑，或高大雄伟，形状各异，风格不同，是祁阳县建筑史上不可或缺的一页。

文昌宝塔

1. 祁阳县城文昌塔

　　文昌塔位于县城东面湘江东岸的万卷书崖上。明万历元年（1573），为邓球出资募捐倡建。明万历十六年（1589）文昌塔竣工。塔建于万卷书崖之上，崖长329米，高26.5米。崖层叠，有如堆书万卷。明天启四年（1623），曾为吏部尚书的陈荐的儿子陈朝薰，误信形家之言，说祁阳文风盛，将超过他的父亲，便煽众毁塔。清乾隆九年（1744），时任中丞的陈大受，向永州郡守曹璨建议重修文昌塔，全县乡绅捐募钱银，陈大受也捐俸银一千五百金。清乾隆十三年（1748）竣工。

　　重修后的文昌塔，为七层八角砖石楼阁式塔。塔高36.68米，底层塔身内切圆直径14.36米。塔外壁1~2层为青石（石灰岩条石），内壁均为青砖。塔刹件为铁铸葫芦，

文昌公园

各层外檐有铎（风铃）。外观七层，内设六层，其中三、四和五、六层都在内合并为一层。第二、三、五、七层有外走廊可供观览，廊有护栏。第一层进门上方刻有觉罗氏之"文昌塔"三字，外壁用青料石，窗及洞口用青料石砌成厚80毫米的半圆石旋，从塔身用斗拱出挑承托腰檐。

2001年7月，邑贤陈昌世、谭昊涯各捐人民币25万元为维修资金，共同维修文昌宝塔。

祁阳县城文昌塔于1983年被列为省级重点文物保护单位，1996年被载入同济大学编辑出版的《中国名塔》一书，2001年被载入《湖南名胜词典》。

2. 观音滩镇三胜塔

三胜塔位于观音滩镇三胜村三岔塘大院正屋前300米处。清道光八年（1828），由于炳文先生等前辈集资始建。

三岔塘大院在清咸丰年间（1851—1861）居住50多户于姓人家，院前有一条小溪东流。据说，一天从远处来一仙家，对于家长辈说："此乃文武宝地也，惜泉东去矣！"故此地名东泉。为保护该大院的钟灵毓秀，由于姓"大成会"牵头，筹钱捐款，选择东泉溪水的咽喉处建

三胜塔

塔。溪水右边是横冲岭，左边是杨柳堰，塔在二山之间，为六面四层，高 9 米。第一层直径 3.8 米，高 3 米；第二层高 2.5 米；第三层高 2 米；第四层高 1.5 米。塔基用 0.6 米宽的正方形料石筑砌，约 1.5 米高，料石是两种青砖搭配双层浆砌成。第一层五条假门，一条真门，小孩可以出入。门的上方横写"入化镜"三字，此门是专供读书人焚烧书稿之用。第一层与第二层之间是用青砖砌成的齿形边檐，边檐上面是用石灰浆粉成的边檐线，边檐线画

三胜塔

有彩色花纹。塔檐用小青瓦覆盖，檐角是碎条青瓦和石灰纸筋浆粉成的喜鹊尾。三层式样相同，第二层有一个用石灰纸筋浆粉筑成的"旨"字，第三层有个"圣"字。塔顶是由陶瓷圆座和铜葫芦顶两部分组成。清咸丰十一年（1861），由于廷昌等集资重修补圮。此塔铜顶1964年被盗，其余现存。

3. 文明铺镇文昌塔

文明铺镇文昌塔位于该镇青云村杉树桥下游30米处，是一座惜字塔。该塔建于清道光二十八年（1848），面积约26平方米，塔高5.6米。由底座、塔体、顶上石葫芦三部分组成。第三层面向祁水方向，上竖书"文昌塔"。该塔第一层高1.5米，为正方形，第二、三、四层为每层高1米的六边形。每层顶端用青石凿成塔沿成瓦状向外覆盖，下雨时雨水不能直接滴在塔身的石板上，塔角凿成鸟尾形向上翘起。塔顶是整块石头凿成的石葫芦。二层向河面方向有洞门通向塔空心处。两旁为一对联：

文昌塔

文昌塔

"拔地擎天文章入化，容经铸史笔墨无痕。"洞口上有浮雕双凤朝阳图案，下面是塔的建造年月。其右侧面砌一石板，石板上刻的1厘米粗细字的碑文依稀可见。

4. 凤凰乡白果市惜字塔

白果市惜字塔位于凤凰乡旭日洞村（原白果市乡大坝头村）一组境内的田垄之中。塔身用料石砌成，高9米，座基2.5米，呈六面四层，塔尖为料石竖立。塔坐北向南，正面第二层额石上刻有"惜字塔"三字，正面一层有

惜字塔

一副对联，为"字灰堪照白，炉火自纯青"，横批为"化境"。相传为"雷、罗、邓"三姓祖先共同捐资所建，"三姓殿"地名由此而得。据当地人考究，该塔建造年代应为明末清初。

惜字塔

第七章
古凉亭

祁阳古道有 2600 多千米，纵横交错。无论是平坦大道，还是崎岖山路，必建有凉亭。各处津渡多于对江置亭，让行人候船歇息。祁水、清江流域所有古桥上，几乎都建有廊亭，既方便行人休息，又增添了当地的文化氛围。名胜风景之地，都建有风景亭或纪念亭，或留作纪念，或缅怀先哲，兼供人们参观和休息。清代及以后凉亭多为乐善好施者捐资募建，以积"阴德"，或彰"孝烈"。凉亭多设有"亭会"或"茶会"，置田产生息，供修缮管理费用，并配专人看管，施舍茶水，行人过往，饮水小憩，分文不取。也有一些守亭人在亭中兼做小本生意，卖草鞋、花生、瓜子、菇菇、豆子饼之类，中午时分，有些凉亭还备有绿豆稀饭，价格便宜，方便行旅。民国时期，境内有各种凉亭近千座。

凉亭造型古朴，通常有走廊式、框架式、封闭式三种，以走廊式居多。中华人民共和国成立初期，县政府十分爱惜古凉亭建筑，采取民建公助的形式修缮境内凉亭。1958 年，为建高炉厂棚，多就地拆亭宇作建材；后又因公路建设多循古道，挡道凉亭多被拆毁；一些社队办学校、修水利，又拆除当地亭宇作建材，路亭逐年减少，濒临绝迹。1978 年后，生产力得到解放，经济迅速发展，人民生活日趋富裕，不少地方仿效先贤，修复旧亭，兴建新亭，境内凉亭，得以延续。

第一节　纪念亭

1. 祁阳革命烈士纪念碑亭

祁阳革命烈士纪念碑亭位于永州市祁阳县城龙山公园内。

烈士纪念碑亭

1925 年 12 月，共产党员雷晋乾受组织委派回祁阳开展革命活动。1926年 1 月，发展了段文元、廖康国、王镇湘三人为共产党员，并成立中共祁阳特别支部，开展一系列反帝反封建斗争和反对旧势力政权的斗争。1927 年5 月，祁阳党组织遭到破坏，雷晋乾、蒋毓华、邓国光等同志被杀害。1928年 6 月，刘东轩、江殿逵、申维善、周定文、陈一、黄履常等人被捕，遭到杀害。

为纪念 1927 年、1928 年在祁阳牺牲的雷晋乾、蒋毓华等革命烈士，祁阳县人民政府于 l951 年 10 月在县城龙山公园建立革命烈士纪念碑，并在纪念碑两旁建相同式样和规格的木质结构纪念亭，两亭内各有一块纪念碑。一碑由陶铸题写"精神不死"四字；一碑由王首道题写"精神犹存"四字，背面刻有 1927 年至 1928 年在祁阳大革命运动中牺牲的 9 位烈士名录和纪念碑文。"文革"期间，陶铸题词的碑刻被毁，l980 年 12 月复立，正面仍为陶铸题写的"精神不死"4 个字，背面刻有祁阳县人民政府撰写的复立说明。

纪念亭为木质结构，因长期日晒雨淋，瓦烂木朽。2001 年，县人民政府拨专款重建，样式仍为六角重檐，构架为混凝土浇筑，改灰青瓦为黄琉璃瓦。两碑为汉白玉石，高分别为 2.4 米和 2.6米。纪念亭为 6 面 6 柱 12 飞檐，红柱黄琉璃瓦，亭高 10.5 米，两亭相距 2.9 米。建筑物占地面积为 90 平方米，保护面积

烈士纪念碑

约 10000 平方米。

祁阳革命烈士纪念碑亭于 1986 年 5 月被祁阳县人民政府公布为县文物
保护单位，2003 年 5 月被永州市人民政府公布为市文物保护单位，现为永
州市爱国主义教育基地。

烈士纪念碑

2. 浯溪公园三绝堂

三绝堂

三绝堂（选自《浯溪志》）

三绝堂始建于宋皇祐五年（1053），唐朝时，浯溪摩崖石刻《大唐中兴颂》，以元结文、颜真卿书为二绝，知县齐术以摩崖石奇为又一绝，作堂以护之，故名"三绝堂"，又叫护碑亭。宋皇祐六年（1054）三月永郡推官孙适有《浯溪三绝堂记》，碑在堂的西北 30 余步，早已无存，其文尚在。

后世对"三绝堂"的修建，有据可考的是清康熙九年（1670）知县王颐重修，这也是可考的第一次重修；清咸丰九年（1859），知县刘达善修砌石脚，重建以崖壁为垛，三面倒水的重檐围亭；清同治元年（1862）秋，郡守杨翰扩建为紧贴崖壁，平行而立，下置八根四方石柱，上架木柱楼式重檐，盖青瓦，呈三面倒水的长方亭，俗名"半边亭"。亭内石柱刻有对联四副：一副在"中兴碑"前，为杨翰联"地辟天开，其文独立，山高水大，此石不磨"；一副在亭南口，为知县于学琴集"中兴碑"字作联"百代名臣金石宝，一溪明月水天秋"；一副在亭西面向内"溪山留胜迹，文字结奇缘"，为邑人蒋善苏题，颜体；一副在西侧面江，为篆体"文章开继业，持护后来心"，为知县刘达善题。

三绝堂于 1990 年 7 月进行重修扩建，长 13 米，宽 8 米，高 8 米。底部高筑石台，楼层设回栏重檐，改方石柱为钢筋水泥圆柱刷红漆，改青瓦为琉璃瓦。

3. 浯溪公园虚怀亭

虚怀亭，又名虚怀阁，位于县城浯溪公园的东峰之上，西接含清阁，东

虚怀亭

临摩崖，与唐亭遥对。清乾隆三十四年（1769），知县宋溶始建，"亭外旷而中虚，故以虚怀名之"。清同治元年（1862），郡守杨翰重建，后毁于抗日战火中。1961年县政府拨经费重建。1982年8月浯溪文管所进行维护。

2003年10月，深圳展辰达化工有限公司董事长陈冰兄弟捐资25万元，将虚怀亭重建为重檐歇山式五开间混合梁架结构的楼阁式建筑。坐北面南，四向轴线上有阶基宽4.2米，有台基高0.6米，通宽11.2米，占地面积125.44平方米。改亭为阁，为的是与园中众亭不相雷同，更具多种功能。除供游人休息、观景之外，还可设小型精品陈列，接待小型专题座谈会。

4. 浯溪公园唐亭

唐亭，位于浯溪西峰山顶，唐大历三年（768）元结始建，以竹作材料，形如伞状，又名伞亭。元结自创"㡱"字，名曰"㡱㢘"（亭之有四壁者）。并作《㡱㢘铭》，刻在亭旁石上。元结筑亭，为什么要安四壁？孝心所致："为爱溪清听漱玉，只因亲老怯风寒。"后来唐代李谅诗云："常倚曲栏贪看水，不安四壁怕遮山。"元结母亲去世后，又改㢘为亭。此亭占峰得势，视野宽阔，登亭一望，云天山水，尽收眼底，元结《㡱㢘铭序》曰："若在㢘上，目所厌者，远山清川；耳所厌者，水声松吹；霜朝厌者，寒日；方暑厌者，清风。於戏！厌，不厌也；厌，犹爱也。"自宋至清，唐亭经多次重修，后毁于抗日战火中。1961年湖南省拨经费在废墟上重建该亭，

唐亭

唐亭（王昌华／摄）

为砖木结构，重檐、翘角、青瓦、绿琉璃宝塔顶的仿古四方亭。1993 年 6 月，在原址按原貌重建，改砖砌方柱为麻石圆柱，改青瓦为琉璃黄瓦。亭下侧有《重修啬亭记碑》。2017 年楚天科技有限公司董事长唐岳出资捐助重建此亭和宓尊亭。

5. 浯溪公园宓尊亭

据次山台铭序："石巅胜异升，悉为亭堂"，唐大历二年（767）已有此亭，后世曾多次修复。宋齐术是第一次；清顺治孙斌是第二次，但把宓尊亭改为镜亭；清康熙王启烈是第三次，首名宓尊亭；清雍正王武溍是第四次；清乾隆李蒔是第五次，但又改称露台；全面抗日时期又改筑亭，中华人民共和国成立初期改砖柱四方亭，是第六次；中华人民共和国成立后重修两次，1978 年换上琉璃瓦。

宓尊亭（王昌华／摄）

宓尊亭

窊尊在中峰（峿台）山顶，平台石上，圆形，半径 0.3 米，深 0.3 米，相传为元结所凿。唐人向有凿尊对月聚饮的习惯，元结在武昌、道州也凿有窊尊，当属可信。窊尊向有"湘君献酒""酒妖盗宝""吕仙劈妖"等神话传说。2017 年窊尊亭重建。

6. 浯溪公园宝篆亭

宝篆亭

清乾隆三十四年（1769），知县宋溶因寻得元结《峿台铭》，特建亭于抱石的宋樟之北以志喜，名宝篆亭。清同治元年（1862）郡守杨翰重建，置吴大澂《峿台铭》碑于亭内。1961 年县文教科作过维修。1982 年 10 月省拨经费，浯溪文管所重修，以"宝篆文光"列为浯溪胜景。当时省博物馆专家程鹤轩撰联，书法家刘继善正书："台铭可爱多同好，宝篆生辉自出群。"

延寿亭

7. 三口塘镇上椿村延寿亭

三口塘镇延寿亭位于上椿村3组对江洞，清光绪二十四年（1898）建，长12米，宽6米，高5米，砖木青瓦结构，二五八青砖砌南北两垛。两垛中留1.6米宽、2.5米高拱门。亭子正中一空放置画有太极图的主梁，木柱、木瓜、木方均用料粗大，建筑牢固。亭内设有座位，方便行人，今仍完整无缺。建亭人是本地人柏绪四。他出身贫寒，成年后做酒做糖，生意红火，成了当地的富裕人家。在上椿村新建房屋共13座，建筑面积有2000多平方米，用青石方料修水井一口，用青石修路达两千米。在其母八十大寿时，为感谢母亲的养育之恩，在此修建了这座凉亭，叫延寿亭，祈愿母亲健康长寿，也方便过往行人歇息。

延寿亭

8. 羊角塘镇君子陡社区崇德亭

羊角塘镇君子陡社区现敬老院右侧，有一亭，曰崇德亭，占地面积150平方米，建于民国三十六年（1947）。两垛封火墙，翘角，盖灰青瓦，中有两木柱，柱间置木板，供行人休息。两门为石框，刻有对联，额曰"崇德亭"。其一联曰："捷足先登履行大道，苦心孤诣竞走前程。"另一联曰："节励冰清

崇德亭

中热不须防井渫，庇承樾荫前程争共看云腾。"一条青石板路穿亭而过，是平安、铜银人们赶市出入的必经之路。崇德亭为当时富人王抱华遵照母亲黄崇德的意愿兴建。黄崇德丈夫官途早逝，青年丧夫后，她勤俭持家，尊老爱幼，守节育子，送子去日本求学。在黄崇德的操持下，王家日渐兴旺，终成巨富，为抵抗日寇入侵，购买枪支弹药，组建自卫队。黄崇德在民国二十六

崇德亭

年（1937）将儿子王抱华给她办寿庆的钱，先后用来创办了崇德小学、福德中学。在七十岁生日时，又将儿子王抱华给她办寿庆的钱用来建造了凉亭。亭前建有一井，曰崇德井，王抱华撰写了《崇德亭记》和跋；亭名、对联是黄崇德的侄孙国军七十四师58团团长王伯雄所作。王伯雄是羊角塘镇雅塘村人氏，抗战英雄，少将军衔。

9. 梅溪镇双龙村培寿亭

培寿亭

培寿亭，位于梅溪镇双龙村委会村级活动中心正对面，因位于马阻地界，人们习惯叫它马阻亭。初建于清道光六年（1826），距今已有192年历史，系当年石洞源陶姓人士为纪念母亲八十寿辰而建。他当时一共建了四个亭子，培寿亭是其中之一。历经百年风霜，局部有所损坏。2014年双龙村组织群众捐款将亭修缮一新。此亭占地面积近百平方米，建筑风格高雅大气。近200年来，它像一个岁月沧桑的老人，感受了普通民众柴米油盐的艰辛、悲欢离合的故事，也见证了近两百年来中国历史的变迁和发展。由于地处交通要道，此亭一直是行人的歇息处所和周边居民休闲娱乐、纳凉谈天的好地方。

培寿亭

第二节　茶水亭

1. 龙山街道百花社区望祁亭

望祁亭，位于龙山街道的百花村，祁水南岸，封闭式。出县城甘泉门有石板路2.5千米至望祁亭。亭子北门口有青石板码头至祁水河边，此处两岸码头均建有扇形近水平台，行人过渡方便。此亭始建于民国三十六年（1947）。

望祁亭

亭上有对联"望族列千家，谁踏软红离大道；祁山当半壁，饱看叠翠上重霄"。1994年曾遭水毁，原荷花红村党支部、村委会组织村民及时抢修，但已非原貌。望祁亭内墙壁嵌置的功德碑，记载着为修建此处桥梁、渡口、凉

望祁亭

亭的捐募人名、钱谷数量。2015年冬在原渡口修建钢筋水泥桥，横跨祁水河，车辆、行人来往十分方便快捷。

2. 浯溪街道孙市村阅江亭

阅江亭

阅江亭，位于浯溪街道孙市村十二组（渡口处），面对滔滔湘水，遥望祁阳古城，是东南、西南驿道重要节点。面积约82平方米，据村民反映，此建筑建于宋朝，历史悠久，为砖木结构，有石拱门，为行人唤船休息场所。亭内绘有"八仙过海"及"三国演义"戏剧壁画，至今色彩鲜明。前后拱门两边分别雕刻有对联，北门的对联是"看鸥江上斟山茗，系马亭边唤渡船"，南门的对联是"淡水清茶聊止渴，狂风骤雨暂停车"。

阅江亭

合善亭

3. 浯溪街道孙市村合善亭

合善亭又名接官亭，位于古东南驿道（祁阳至常宁）、西南驿道（祁阳至永州）的始发地段，今浯溪街道孙市村。走廊式，为砖木结构，有石拱门，为古驿道休息亭，凡王公权臣由此经过均下马进亭休息。清代，常在此亭迎送官员，故老百姓称之为接官亭。后因公路改建，移动了位置，基本仍保存原貌。该亭东面石拱门雕刻的对联仍清晰可见："山水有情留我住，古今多事看谁忙。"

4. 观音滩镇花山村益寿亭

益寿亭位于观音滩镇花山村，在古东南驿道上，有 200 多年的历史；由

益寿亭

本地邓氏家族所建。20世纪50年代此亭北移约100米至现址，后作为村抽水机用房。在人民公社时期，该亭所在的生产队叫益寿生产队。因抽水机停用，该亭长久失修，现已成危亭。亭子的南北门石柱上分别刻有一副对联，北面是"劝君不必争先步，到此何妨暂息肩"，南面是"沥水煮茶堪止渴，南风入座好乘凉"。

5. 观音滩镇夏乐村落叶亭

落叶亭

落叶亭，前身叫作倒亭子，又名新亭子。位于观音滩镇夏乐村东泉公路旁，从三南路再进入东泉公路 500 多米远的地方就可见到它。该亭始建于清光绪二十五年（1899），坐东朝西呈长方形，砖木混合结构，建筑面积为 52 平方米，层面盖黏土青瓦，是进入夏乐村的独特标志，亭内可供路人乘凉、避雨、小憩。1918 年衡南有一位刘氏流浪妇女居住在亭内，于 1961 年病故于此亭，农村有句俗话"人老古稀，叶老归根"，从此倒亭子名为落叶亭。1973 年刘氏曾孙文杰、文龙为纪念其祖母，将落叶亭进行了一次修缮，之后命名为新亭子，现在的亭子墙面大面积开裂，摇摇欲坠，需要重新修缮。

6. 大忠桥镇蔗塘村四通亭

四通亭

四通亭位于大忠桥镇蔗塘村二组，始建于清朝嘉庆年间（1797—1820），是古时太平圩（肖家镇）、凤凰圩（凤凰乡）等地通往永州府、黄江源，小木口通往祁阳县城的必经之地。此亭有东南西北四道门，四门相通，故名。该亭是砖木结构，四面青砖墙。东南西北四道门，四门都有对联，均已损。

四通亭

据回忆，其中两副是"春夏秋冬四时景变，东南西北通道人来"和"四境行人聊坐语，通衢好景最舒怀"。亭内有石水缸两个，供行人饮水用。亭西侧有小屋四间，是当地善士所建。亭内东墙有观音像一座。四通亭于清道光、同治、光绪年间各修缮过一次。1937年大忠桥横街罗绪君捐资修缮一次。1984年，大忠桥镇老年协会、光明村委会联合筹资重修。

7. 大忠桥镇和睦山村普兴亭

普兴亭

普兴亭坐落于和睦山村普兴寺桥头。普兴路是一条河卵石路，是大忠桥通往九渡、大院、塘岭、大江边等地方的必经之路。挑箩卖担，过往行人众多，热天无处遮阴，冷天无处躲雨。为此，仁人志士周平安等5人慷慨解囊，并发出倡仪，动员周边百姓及有识之士捐款捐物，于光绪二十九年（1903）修建，让过往行人，歇肩御寒。其莫大功德，万代流传。

8. 肖家镇慈源新村三通亭

三通亭位于肖家镇慈源新村（原樟树桥村），清乾隆四十七年（1782），为方便过路行人休息，当地的知名人士组织群众捐款修建了此亭。此亭是连接白水、肖家、大忠桥的必经之路，由此取名为三通亭。清道光十年（1830）进行了修复。

三通亭

9. 白水镇丰江村继善亭

继善亭位于白水镇三丰村黄家凼渡口，在清咸丰三年（1853）由王甲堂王喜善所建。其父原在此亭对岸一里许的古茶亭凹建有一座凉亭，叫喜善亭，系值王喜善出生时所建。王喜善五十一岁时，又在此地新建一亭，取名继善亭。此亭虽年久失修，难睹昔日风采，但亭里木雕十分精美。亭内墙壁镶嵌汉白玉碑，碑文如后："癸丑岁，予创是亭曰继善，取先父所建喜善亭之义也。是岁冬，予因他事请质勅封燮元赞运孚佑帝君纯阳吕祖，乃降坛之

继善亭

后即书此记相赠，予伏读不胜惊异，异其未求记而竟记之，亲切乃尔也。然则为善者，患不诚耳，孰谓一念之善而遂无宜漠默相者乎，爰将乱所赠之记敬书于左。善有感于天者，天所喜也；善有济于人者，人所喜也。癸亥岁生父建亭于古茶亭凹，落成于十月十七日，生盖于是日生也。天耶？人耶？善何如哉！特虑世间善事难为继耳。今生之年五十有一矣，其间恢复先绪者不少，更建亭于对岸黄家凼，离旧亭约一里许。并赐茶以承先志，谓非善继者乎。亭既成，四壁清风，一湾绿水。将见由彼岸而行者，莫不交相喜曰：善也；由此岸而行者，亦莫不交相喜曰：善也。然则善之有感于天也，其所喜安有异于前日哉。颜其亭曰继善，宜也，又将以志，喜也。咸丰三年癸丑年吉月吉日宝亭王喜善敬刊"。大意为此亭为纪念先父之义，命名为继善亭，亭既成，四壁清风，一湾碧水。劝人为善，莫不曰喜。从渡口石碑看出，王甲堂王氏祖先王喜善父子热心公益事业。白水镇的喜善村因喜善亭而得名。

继善亭碑文

10. 白水镇烟塘村金兰亭

　　金兰亭位于白水镇烟塘村，在古东南驿道上，已有 300 多年历史，是烟塘到白水五个凉亭之一。清光绪十七年（1891 年）作了第一次维修，2002年作了第二次维修。中华人民共和国成立后，随着公路建设的发展，该凉亭主要功能转为本地一、二组群众集会和休闲的地方。21 世纪以来，特别是近几年，周边农户迁移到 S320 公路两旁，该亭逐渐荒废。

11. 进宝塘镇河埠塘社区安澜亭

安澜亭

安澜亭位于进宝塘镇河埠塘社区，该亭修建于民国元年（1912），亭宽5.5米，长10.5米。该亭所建地点原来叫河市，是古代赶圩的地方，人员过往密集，对面是潘市镇（原潘家埠区）河洲，盛产蔬菜、瓜果。安澜亭东侧临近湘江，古代有一码头，叫河埠塘码头，河洲到河埠塘来往行人货物靠民船过渡。现因湘祁水电站发电蓄水，原河埠塘码头已淹，行人仍乘坐轮渡。该亭壁画、雕刻有时

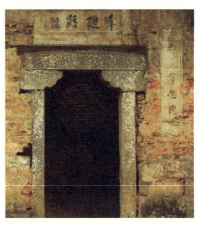

安澜亭

代特色，因水浸部分受损。凉亭石门柱上刻有对联："安步当车暂息行踪怜远道，澜观有术别开眼界向中流。"

12. 进宝塘镇西冲村怀立亭

怀立亭坐落在进宝塘镇西冲村龙家巷。该亭建于清嘉庆十五年（1810），内设茶水供应。该亭南通黄泥塘，北通进宝塘，长9米，宽6米，占地面积54平方米。该亭于2005年5月由龙家巷村民小组修缮，现保护完好。

怀立亭

13. 黄泥塘镇胜利村树梓亭

1927年4月，时任国民革命军第八军军长兼北伐军西部总指挥唐生智率部共千余人在鸡公峡宿营。当天晚上，唐生智召集当地的保长、甲长、乡绅和老百姓开会，商量在此地修建一个方便过路的茶水亭。并从口袋里抽出一张一千大洋的支票亲手交给在场的甲长唐平章，由他督办此事。

树梓亭

第二天清晨部队开拔时，唐生智又留下三副自己书写的对联，交给了甲长唐平章。东面一幅是："上往归阳前程不远，下行大堡去路无多。"横批是"上七下八"。寓意往上行距归阳七里，往下走离大堡八里。南门一副是："甘雨时行堪歇足，太阳炎热且停车。"横批是"树梓亭"。

树梓亭

北门一副是："聊备清茶延过客，愧无旨酒待行人。"横批"甘棠地"。

1930年7月16日，甲长唐平章组织周边的富人、绅士及民间个体商人开会，筹得大洋两千元，稻谷十担。当年农历八月十六日工程正式开工。两头正门立着高达3米的大石柱，柱子的南北正面刻着唐生智的那两副对联。

整整80天后，茶水亭竣工了。亭内配套有石凳、石桌、茶缸、茶杯。茶水则由当地百姓常年提供。

此亭至今已有90多年历史，虽饱经风霜，但其墩柱仍完整无损，两面亭垛仍耸立着，不过有点倾斜。整个亭子的大梁、檩木、椽皮、盖瓦一概无存，现暴露于荒天野地之中。

14. 黄泥塘镇桐木村百子亭

百子亭坐落在黄泥塘镇桐木村柴山岭上，是常宁市大堡乡（原到湖公社）通往黄泥塘、祁东的交通要道。始建于民国元年（1912），由群众捐资而建。

百子亭（肖勇提供）

百子亭

百子亭下面半山腰上原有一座寺庙，因地处燕子形状的山坳故取名燕山寺（现已毁）。燕山寺香火鼎盛，百人来求子，有求必应。每天烧香拜佛及过往行人众多，为方便过往行人，当地群众在山顶捐资建此凉亭，取名百子亭。亭子两边门楣上各写对联一副："小坐只因来路陡，歇肩才觉此身轻"；"百舌催归常滞客，子规唤起晓行人"。1986年，黄泥塘镇人民政府出资修缮，该亭现保存完好。

15. 梅溪镇广歧村龙凤亭

龙凤亭位于祁阳县梅溪镇广歧村村庄后面将军石山上，古时要道旁。于清光绪元年（1875）由戴竹林和蒋胜财建造，距离村庄院落1000余米。该亭全部由青石砌成，建筑面积20余平方米，因亭内一直供奉土地二老神像，当地人又称将军石龙凤亭土地庙。山上东南西北四面通达，路人皆在此歇脚乘凉，庙门口还有矮子路碑为过往路人指明方向。据传说，当地人敬奉土地爷，所求之事大都灵验，此庙被人们称为"仙庙"。故庙内香火常年旺盛，是远近香客烧香敬神的圣地。

龙凤亭

因年久失修，损毁严重，广歧村村民及香客自发捐款分别于1990年和2003年两次重修，并在亭旁另建厢房一间。

16. 潘市镇塘弦湾村望云亭

该亭修建于清光绪年初，于民国八年（1919）重修，砖木结构，长约10米，宽约5米，面积大约50平方米。该亭是祁阳至潘市镇古大道塘弦湾老街行人来往休息之地。

望云亭

　　亭子两头是封火墙，中间两边各立 2 根石柱。亭子两旁有 4 根石柱，石柱都有刻字，但因年代久远，字迹模糊，无法识别。唯有一石柱上"刘母节垂芳"，一石柱上"男亭建石"字迹可辨别。石柱上方横梁分 3 级，雕龙画凤，古色古香。但因年久失修，管理不善，目前该亭破败不堪。

望云亭

17. 七里桥镇云腾村福荫亭

福荫亭位于七里桥镇云腾村（原竹山口村）的云腾岭下，阴山庙旁。俗称阴山庙亭子。是古时归阳、梅溪到县城必经之亭。建于民国二十七年（1938）。该亭南面紧靠小溪。小溪对面是阴山庙。该亭基脚为麻石，正面2米高为青砖，青砖以上为版筑土墙，侧面（临溪一侧）也为版筑土墙，版筑墙正中有功德碑一块。2005年该亭在原址重建，进口东面有石门对联："匆忙过客来云岭，歇息凉亭去竹山"。

该亭北面原有3间房，曾有邓姓人在此开过伙铺。3间房子现已不复存在。

福荫亭

18. 七里桥镇挂榜山村立善亭

立善亭位于七里桥镇挂榜山村大凹岭上交岔路口，清光绪十二年（1886）建。民国二十五年（1936）重修。在凉亭后出口，有一殿堂，殿堂内共有5尊佛像，主座是邓公爷爷，左边是齐天大圣，右一财神，右二关帝，右三吕和娘娘。据前辈老人传说，邓公爷爷是排楼湾村人，当时为修道进住大坳村彭家院，在修道成功末期，入居山下石盘坐79天不吃米水，最

福荫亭

后被当地人发现把他接回院内。时逢三伏天，彭家老人寿宴之日，管家安排人员打棚遮阳，邓公爷爷答道"打棚遮阳的事我个人全包了"。已快开席了，他还没有动手。待宾客满座时，他从路边摘了一朵牡荆插在大门墙上，这时整个院子上空就乌云密布，直到席终客散后，邓公爷爷把牡荆拔下来，立即晴空万里。邓公爷爷那天吃饭用的筷子是他自己用小杉木做的，吃完饭后，他便把这双筷子倒插在立善亭后背山上，用一担竹篓子挑水浇灌。之后筷子就成了两棵倒插的杉树，长得枝繁叶茂。这两棵树到2000年时逐渐枯死。所以大坳立善亭和两棵倒插杉树远近闻名。

2000年，当地村民自筹资金，对凉亭和寺庙进行了维修，虽存古迹，但不存原貌。

19. 下马渡镇枫石铺村断岐亭

断岐亭

断岐亭位于下马渡镇枫石铺村十四组（原石禾塘村五组）。修建于清朝雍正年间，具体时间不详。

断岐亭位于原断岐路上，也是通往祁阳县城、衡阳的大道上，贯通南北。旧时来往人员络绎不绝，因官道沿途无建筑遮风避雨，老百姓便自发捐款修建了该亭，方便来往行人客商休憩。

断岐亭占地约 20 平方米，亭高 3 米左右，上为木质结构，下部基座为砖石结构。亭内有精美石碑、雕花等，记录着亭子这么多年来的风吹雨打。

断岐亭

20. 黎家坪镇甘棠坪村保福亭

保福亭位于黎家坪镇甘棠坪村境内狮子岭，坐落在黎家坪至文明铺、蒋家坪、官家嘴、黄土铺的古道上。设计为硬山式建筑，高 6 米多，长 16 米多，宽 6 米，东西两头顺墙用青石料砌成，并设风火墙，上盖小青瓦。旧时亭内常设茶水免费供应来往行人。原亭内有石质或陶器水缸，竹制水瓢，便于行人喝水。还设有石凳或木凳数条供行人休息。

保福亭

据本村老人回忆，该亭已有二百多年历史，具体建亭年月、捐资人、建亭人已无法考证。该亭东西石柱门上刻有两副对联，其中一副清晰可见："深仁垂爽垲，遗泽沛甘棠"；另一副只留下联："过客喜停车"，上联在被后人修缮时用水泥遮住，难以辨认。民国至中华人民共和国成立初期，有一个无儿女的老人偕妻居住在保福亭旁的爬壁屋内。中国人民解放军中将，原第二野战军第19军军长兼陕西军区司令员刘金轩，1955年偕妻率子女回老家文明铺丝塘冲尚志塘探亲，经过保福亭时，亲切接见了当地干部群众。

保福亭

21. 黎家坪镇甘棠坪村可居亭

可居亭

可居亭始建于民国十七年（1928），西通文明铺，东连文富市。亭内供应茶水。历经战火和政治运动，都没有遭到毁坏。亭中东西门有两副对联，仍清晰可见。东门对联是："游宴话亭中有谁如江左夷吾力图克复；流风钦泗上问孰是此间豪杰志与齐驱。"西门对联是："劝过客休忙倾盖而谈野鸟山花皆适意；愿国民平等停车乍遇苔岑萍水尽同胞。"

因年深日久，此亭风雨飘摇，几乎瓦解。桂氏凤林公和私塾先生桂时辅不忍该亭就毁，各捐款修缮，并立碑记载捐款人名单及金额。现该亭已成危亭。

可居亭

22. 大村甸镇新铺子村万福亭

万福亭位于大村甸镇新铺子村（原松树脚村）与冷水滩区黄阳司镇大湾村（原万福村）的交界地段，为一座走廊式凉亭，因古时零陵县和祁阳县原居民开伙铺合伙出资（各占一半）建亭，故又叫半边亭。旧亭刻有对联："吴魏可传吞，片分三国；零祁占万福，岂仅半边。"该亭始建于民国二十六年（1937），至今仍存，大村甸至冷水滩的石板路穿亭而过。亭子东面原有4间瓦房，其中3间为关公殿，

万福亭

万福亭

高 7 米（两层），长 17 米，宽 10 米，殿内有关云长塑像，另一间供施水人居住。共置田产给养守亭人，可见当时两县人民相互友好，民风淳厚。

23. 文明铺镇高码头村永乐亭

永乐亭坐落在文明铺镇高码头村，是文明铺至黎家坪的主要通道之一。该亭建于明朝永乐年间（1403—1424），为当地百姓筹善款建立，用于为来往行人遮风避雨。亭内有人义务提供茶水。亭子几次重建，现人们看到的

亭子为民国元年（1912 年）所建，亭宽 6 米、长 12 米，南北通向，石柱门上刻有对联。南门对联为："熙熙而来曷向长亭少坐，行行且止何妨重担匀挑。"北门对联为："风雨交加劝君少停一刻，茶水至足凭客多吃几杯。"现主体保存较好。

永乐亭

24. 文明铺镇大福桥村超然亭

超然亭

超然亭

地处祁水河畔的匡家堰古渡口旁，向东往大福桥双江口通往白地市、石亭子、黄土铺，经古渡沿对面阎罗灌可通砖塘、包圣殿、步云桥等地。此亭约于明朝万历年间（1573—1620）所修，后于清道光年间（1821—1850）重修。此亭四围山青水美，人们在此停留休息片刻，便感觉飘飘欲仙，顿有超脱大自然之惬意。

25. 文明铺镇泥井湾村石头坪亭

石头坪亭又名石屋亭，位于文明铺东北方向一里路处，建于明朝永乐年间（1402—1424）。此亭为文明铺乡贤、沿途百姓捐资兴建。亭长10米，宽5米，高5米，青砖、条石、木结构，条石打磨整齐，木料结实厚重，建

石头坪亭

造工艺精良。虽逾五百年，风吹雨打，现已破落，但主体犹在。

此亭左往文家坪、枫树亭、雷虎罐、左家岭、茅坪、仁和坪、百岁门，通往祁东步云桥、邵阳；右至西云庵、油铺亭、青云观、杉树桥，通往祁东砖塘、包圣殿、石亭子、黄土铺。亭内常年有善心人无偿供应热茶井水，樵夫走卒、挑脚抬轿、南来北往之生意人往来不绝，热闹非凡。

复兴亭

26. 龚家坪镇复兴村复兴亭

　　复兴亭位于龚家坪镇复兴村三组，始名新亭子，为文明铺西行主要通道。此亭修建于清康熙初年，清嘉庆十六年（1811）重建，名复升亭。民国时期改名复兴亭。亭子历经几百年，多次改建，留下碑刻十几块，有较高的

复兴亭内石水缸

历史价值。南北两面有石刻对联"大家莫作炎凉态，小坐聊为风月谈""且少停吃些茶去，莫苦走放下担来"。该亭于 2014 年 11 月被列为永州市文物保护单位。在该亭的旁边有一座小石桥，建于 1961 年冬，现保存完好。

复兴亭

第八章
宗教建筑

祁阳自建县以来，境内宗教场所甚多，如神庙、佛寺、道观、尼庵、仙官、宝殿、天主堂、福音堂等，遍布城乡，有"三里一寺，五里一观"之说。中华人民共和国成立后，僧、道基本还俗；宗教场所基本用作机关办公或学校教书之场所。1986年落实宗教政策后，宗教活动场所被陆续恢复。宗教场所是中国建筑的重要组成部分，其恢宏的设计、奇特的工艺、隽永的审美，具有极大的研究价值，对现代建筑学具有极好的启迪作用。

1. 龙山街道九塘冲社区甘泉寺

甘泉寺，因寺前有一口水若甘醴的甘泉井而得名。明永乐年间（1403—1425），下马渡郭普庵被火烧后，僧会首善义迁徙来此。后又得义官承事郎逯志聪的捐助，于明成化五年（1469）十二月建成。该寺于明弘治三年（1491），又一次重修。清顺治十五年（1659）毁于回禄（火灾），顺治十七年县总戎陈德重修。清雍正十三年（1735）僧子贤请捐重修。其香火鼎盛，占地150亩，房舍300余间，僧侣200人。

1972年，甘泉寺被拆毁。1986年落实宗教政策，甘泉寺被恢复为正式宗教活动场所。1992年至1993年，经释宝华、释悟通师徒倡议重新修建。甘泉寺现占地面积7300多平方米，有建筑面积达264平方米的"大雄宝殿"，两厢寮房、斋堂、客舍计36间，总建筑面积1100平方米。寺内供奉

甘泉寺（蒋盛文/摄）

着释迦牟尼、西方三圣、地藏王、弥勒、十八罗汉和七祖共 26 尊佛像。整个寺院建筑分为三进。第一进，从甘泉路进山门有 8 级台阶，进门后有空坪，两旁为客房。过空坪上 28 级台阶为第二进，再上 14 级台阶即为第三进。佛门深深，朝拜者只有拾级而上才示虔诚。三进之后，方才进入寺院的核心区域雄伟壮观的大雄宝殿。甘泉寺现为永州市文物保护单位。

甘泉寺

2. 龙山街道九塘冲社区天主教堂

天主教堂坐落在县城九塘冲社区。始建于民国二十三年（1934），是一座独体式砖木结构的古典哥特式宗教建筑，由牌楼式正门、尖顶钟楼和穹顶经堂组成。经堂内设有祭台、唱经台、讲道台、礼拜厅、修和堂。正门两侧各有尖顶钟楼一座；教堂屋顶两端各竖有十字架一具，系天主教耶稣奉督仁爱、救助精神的标志。经堂外围墙壁饰有精美的花卉图案和流畅的装饰线条，整个经堂犹如一尊精美的艺术雕塑。该教堂由奥地利神父赖有为争取天主教国际资金及罗马教廷的支持而倡建的，当时是建筑群，面积为6000平方米，设有教堂、慈幼院、仁爱医院（县人民医院前身）。1944年被日本飞机投弹炸毁，留下残壁断垣。中华人民共和国成立后重建，1988年县政府对教堂进行维修后正式对外开放。

2009年以来，进行了全面维修，是目前全省保存较为完好的6座大中

天主教堂

型哥特式教堂之一。2006 年被公布为省级文物保护单位。2012 年，再次进行了大修缮。

3. 龙山街道东江社区观音堂

观音堂原名石观音堂，位于龙山街道东江社区，始建于清同治八年（1869）。相传很久以前，县城东江村有一尊天生的石观音像，清同治七年（1868），胡家台一卖豆腐的人在佛像前歇肩，许了一个愿，菩萨马上显灵，让他在半个时辰内卖完了豆腐。这事传开后，来此烧香敬拜的人越来越多，并屡有灵验。清同治八年（1869）初，此地便建起了一座小殿，供奉石观音像。清光绪二十九年（1903），申永林组织当地人将小殿扩修为四垛三间的

大殿。民国十九年（1930），胡家台人胡松林在大殿两边增修了横屋，至此，石观音堂初具规模。后因战事和人事动乱，年久失修，逐渐败落。1995 年，在原址重建了一座 240 平方米的观音大殿，1998 年又增建了 250 平方米的玉皇大殿。1999 年被批准为湖南省正式登记的宗教活动场所，改石观音堂为观音禅寺，后又改名为观音堂。2003 年将观音大殿再次重修，主殿面积达 380 平方米。

观音堂

观音堂两大殿供奉着大小 17 尊佛、神像，主要有观音、寿佛、七祖、玉皇大帝、财神等。2005 年被省宗教事务局评为"湖南省五好宗教活动场所"。

4. 龙山街道陶家岭村关帝殿

关帝殿位于龙山街道陶家岭村，始建于清同治八年（1869），占地 1400 平方米，原建筑面积 800 平方米，1994 年新建房屋面积 400 平方米，总计建筑面积 1200 平方米。殿内供奉关帝、观音、七祖等佛、神像，历来香火旺盛。为祁阳县登记注册的宗教活动场所。

关帝殿

玉皇行宫

5. 龙山街道宝塔街社区玉皇行宫

　　玉皇行宫，位于祁阳龙山街道的宝塔街社区晒网坪，由原"三廊庙"和玉皇行宫殿组成。"三廊庙"始建于清乾隆年间（1736—1795），玉皇行宫殿始建于清末。1949年10月后，玉皇行宫先后被用作县农械厂职工和黄土岭村村民住房，神像数十尊全部被毁。2002年，经县宗教办批准，当地信教群众自筹资金，赎回殿堂，加以整修，重塑神像。现在的玉皇行宫占地350平方米，有殿堂九间，总建筑面积230平方米，供有玉皇大帝、王母娘娘、四仙姑、庙公、庙婆、判官、小卒等神像。

原玉皇行宫（王昌华／摄）

6. 长虹街道白沙社区雷坛观

　　雷坛观原名会真观，位于长虹街道白沙社区的观后岭。观内有一洞，名

"雷泽洞"，石洞内荡然，可容百人，为祁邑八景之一。元泰定二年（1325），道士李洞阳过此，叹为仙境，乃于洞前建一座会真观。有三清宝殿、四圣真官。"地皆砌以花砖，壁皆粉于银液。中供道具，左右羽仪。下瓷凤墀，上陈鸳瓦。千楹耀日，万拱凝烟，高耸溟漾，丹光紫气之丽，朱扉黄阁之严，经营力佛哉。"建成后，三十八代天师题观名"会真观"，洞名"雷霆都会洞天"。洞内供五雷神像，设九宫八卦神坛。清朝同治年间（1861—1875），有

殿堂两栋，殿两侧有厢房十多间。殿与岩洞口有游廊相连，总建筑面积1000多平方米。雷坛观于"文革"期间遭毁，2005年重建有大雄宝殿、观音殿、城隍庙、土地庙、龟蛇碑等。雷坛观香火日旺，尤以近年更佳。

雷坛观

水口庙

7. 浯溪街道小江村水口庙

水口庙有 400 多年历史，修建在浯溪街道小江村蒋家大院门前左侧的山脚下。因庙前有一个像葫芦口一样的水口，所以叫水口庙。庙后的凤凰岭上曾有七棵形态各异的古樟树，传说是天上的七仙女化身下凡。这座庙堂被周边群众称之为神庙，并且有不少与之相关的传说。中华人民共和国成立后，政府官员带领群众为破除封建迷信，把庙堂里的东西全部毁掉了。庙后的七棵大樟树也被砍掉了。1999 年，经台湾同胞田绍银倡议，当地信士李千田等人多方筹资，在原址重建水口庙。2004 年继续修建"观音殿"。2016

水口庙

年冬，又新建"三关殿""阿龙殿"。2017年在南岳雕神像五尊，接连打醮、开光、安座。现香火旺盛。

8. 浯溪街道沿江村龙王殿

龙王殿位于浯溪街道沿江村，始建于清顺治十七年（1661）。相传一县令逆湘江行舟赴祁上任，因故延误。龙王念其忠良，暗使神力，助其如期到任。县令感龙王恩德，建殿祭祀。清嘉庆七年（1802），祁

龙王殿

阳知县肖国璋组织扩建了龙王殿，建有山门、戏台、前殿、后殿、游亭、厢房、佛塔等建筑物。总建筑面积1500平方米，常住僧10余人，供奉龙王、观音、关帝、庙王、金刚等神佛像，为纪念肖国璋，后人增塑其像祭祀。县城每年端午龙舟赛都在龙王殿前举行祭龙仪式和唱戏活动。1949年后，僧

龙王殿（张绪旷／摄）

人还俗，塑像被毁，殿房改作他用。1997 年经县宗教办批准，当地善男信女自筹资金，在原址重建了一座 170 平方米的大殿，并重塑了龙王、观音、关帝、庙王、肖国璋像，香火复燃，香客渐多。

9. 观音滩镇白竹村财神殿

财神殿

财神殿左侧横殿

财神殿建于明清时期，坐于湘江西岸石舰之上，上有凤凰展翅，下有聚财宝盆，山势相连，风景优美。据传说，一日清早胡某照常去江边摆渡，发现河水湾里有一尊菩萨，于是胡某就把菩萨摆到河中心，想让水冲走，没想到来回数次，菩萨仍然回到原处。胡某就把菩萨请上岸来，放在平地。当时来了许多群众看观音，说来也怪，有人想请走菩萨就是请不动，于是众信士就用土砖建殿暂时朝拜，来求财者得财，求平安者得平安，历年香火不断。民国十三年（1924），新修左侧横殿。所有建筑都在"文革"期间被毁，2005年重建财神殿。

10. 观音滩镇二居委会观音阁

观音阁位于观音滩镇二居委会寨子岭，是祁阳县著名的佛教胜地之一。相传三国时，张飞夜战巴郡，手下将领马氏攻克了寨子岭，据守在此，发现半山腰之中端坐一尊石塑的观音圣像，俨然活佛降世。于是修庙宇，镀金身，命名观音阁，将原地名改为观音滩。此后，历朝历代，多加修缮。清嘉庆五年（1800）大修，民国三十六年（1947）又大修，并在观音阁前兴建了观音亭。1966年后观音阁、观音亭均被毁，所幸观音石像被人投入

观音阁

观音阁从湘江打捞上来的石像

江中，才免遭损坏。此后，常有人反映，菩萨落水处，水底常有金光跃出。1992年，组织人员下河打捞石像，未获成功。1994年12月9日，长沙水利部门潜水员下水打捞，终于将石像从河底请出。后经谭汉英等人奔走呼号，八方筹资，重修观音阁大殿，于1996年农历六月初一动工，翌年农历正月底竣工。

观音阁现有观音大殿一座，面积429平方米，高十余米。殿内供奉着千手观音、地藏、药师、无量寿佛、十八罗汉等佛像。此外还建有住房、厨房、餐厅、厕所、澡堂等附属设施。常住僧侣2人。

11. 观音滩镇云峰村金紫观

金紫观位于观音滩镇云峰村境内的云峰岭。始建于元至大三年（1310）。初由观音滩一带的吴、荆、谭三姓倡建，原建筑面积千余平方米，后经多次重建。设有正殿、厢房和杂房。正殿有神、佛像102尊，左侧是厨房、膳房、藏经房、道士人员住房，右侧为6间客房，供游客和香客住宿，两侧均是楼房。正殿的前面是花园，种有奇花异草。全观四周有围墙，正中设有山

金紫观

门，园内一口清水池塘，供游客观赏和香客放生用。常驻道士3人。观中鼓乐不断，香火不息。此外，金紫观尚拥有号称百亩良田千亩山，田租、山租供日常开支和维修。1952年，因办学发展教育，拆毁观院，将拆下的材料，修建梅花小学。2000年重建，大殿建筑面积510平方米，山顶有一口古井，井水甘甜。

金紫观

12. 茅竹镇泉塘村玉屏寺

玉屏寺位于茅竹镇泉塘村马迹观山腰，始建于明嘉靖年间（1521—1567），寺院三栋两舍、三殿相映。正殿宏伟，有金佛像百余尊、僧侣数十人，香火兴旺。总建筑面积500多平方米，正殿3间，正中为大殿，供奉如来、观音、弥勒、地藏等佛像，前上方排列二十四位诸天菩萨，两侧排放十八罗汉

玉屏寺

玉屏寺

像；左小殿供奉包公、孔子、关公、岳飞等塑像；右小殿供奉女娲、虫禾娘娘等神像；左、右横屋均系二层楼房，分别为钟鼓楼、僧房、厨房等。1949年前寺内有5位僧人常住，寺左有花园和凉亭，山上有破天石、雨缸石、参禅洞等古迹。1949年后僧人还俗，寺院夷为平地。1998年经县宗教办批准，泉塘村信教群众自筹资金，在原址重修寺院，面积140平方米，塑有释迦牟尼、观音、地藏、七祖、土地等佛、神像。

13. 大忠桥镇烟塘村烟塘寺

烟塘寺位于大忠桥镇烟塘村，原名普兴禅院，始建于清嘉庆十八年（1813）。道光二十八年（1848）扩建，有正殿一座，横屋两座和围墙、山

烟塘寺

门等建筑，总建筑面积千余平方米。民国时期，禅院有山林300多亩，良田37亩，此时更名为烟塘观，有俗名朱可明等常住僧7人，香火旺盛，远近闻名。"文革"时期烟塘观被完全拆毁。1996年由王克强、张满玉等人组织，众信士解囊相助，重修烟塘观正殿、横屋等，改名为烟塘寺。总建筑面积1200平方米，正殿供有三宝佛像、七祖、十八罗汉等，另有观音殿一座，现寺内有常住僧2人。

14. 肖家镇慈源新村通仙观

通仙观位于祁阳县肖家镇慈源新村小大冲。据传说，当时朝廷有一位李姓官员出身于此，为感恩此方水土及当地百姓，遂在此修建一座庵子。庵子上方有一石头，高60多米，传说有位仙人，运用大法力，搬来大石头在此打坐修行，贯通天地，因而得名"通仙观"。后此大石头在20世纪90年代被雷击倒。此外，庵门前有一棵几百年的罗汉树，每年9月果实成熟，其形似罗汉，酸甜可口。该寺始创于清乾隆四十年（1775），原有正殿一栋，厢房两栋，山门一排。供有释迦牟尼、观音菩萨、药王祖师、七祖爷等佛神

通仙观

像。土改时曾有甘泉寺僧人俗名杨仙荣来住，直到1989年才回甘泉寺。

现在正殿保存完好，神像尚在，两边厢房和山门已毁。

通仙观石雕

15. 八宝镇四木村青莲寺

青莲寺，位于八宝镇四木村。林壑犹美，山峦壮观，三股泉水，澄清甘冽。山势峻伟，风景宜人；登高远眺，心中豁然开朗；寺后清泉甘冽，长流不断。

据传说，"三四仙姑，晒秀趣谈，大慈观音，口吐青莲，现形于斯，有求必应"，故名。寺始建于南宋，历元、明两朝，屡经兴废，并在清代进行三次大修，香火日盛。1949年后，寺宇废弃。2000年，经上级审批重新修建青莲寺，2003年青莲寺重现新容。现青莲寺有正殿两座，面积450平方米，房8间，供僧众和香客拜佛之用；正殿后面有斋堂一座，内有众僧、香

青莲寺

客食宿、休息之用的厢房 12 间，面积 370 平方米。寺内供如来、阿弥陀佛、消灾延寿药师爷、弥勒佛、文殊、普贤、千手观音、地藏、七祖、金佛祖师等神、佛像 40 余尊。

16. 白水镇四居委会白云寺

白云寺

白云寺坐落于白水镇四居委会人民路 135 号，原名瓦窑庙，始建于明朝末年，清宣统二年（1910）重建，改名女娲宫。原寺面积 800 多平方米，院内有大殿，院外有戏台，并置有田土 10 余亩。1940 年前后由姓桂的僧人住持；1945 年桂姓僧人圆寂后，由俗名邓处生的出家人住持；中华人民共和国成立后，邓处生还了俗，寺庙改作他用。经原白水友谊"香会"等多方努力，于2002年5月动工修复女娲宫，同年9月竣工，为纪念无量寿佛在白水白云山修行，将女娲宫改名为白云寺，现主要供奉释迦牟尼、西方三圣、关帝等佛、神像。寺内有对联一副："佛法慈悲普度群生超孽海，神灵赫濯扶贫亿民擢尘寰。"

17. 白水镇珠陵村珠陵观

珠陵观位于白水镇珠陵村，始建于明弘治年间（1487—1505）。原观为四合院布局，正殿为六垛五间，两边偏房为四垛三间，正殿对面为观门，供有如来、观音、七祖、齐天大圣、九子娘娘、十八罗汉、二十四诸天菩萨、药王祖师、十殿阎君、关帝、财神等佛、神像，有和尚住持。1949年后，观内和尚还俗，佛、神像被毁，房子被挪作他用。1998年，经县宗教办批准，当地信教群众自筹资金，将珠陵观修复一新，重塑了如来、观音、七祖、齐天大圣、药王祖师、财神、土地公、土地婆等佛、神像。现占地面积约2000平方米。

珠陵观

玉泉寺

18. 羊角塘镇堆上村玉泉寺

玉泉寺坐落于羊角塘镇堆上村玉泉山，历史久远，古迹甚多。根据碑刻和谱书记载，玉泉寺具有上千年历史，初建时间不详。但根据第一块碑刻记载，复修时间为明永乐九年（1411）。第二块碑刻记载了第二次复修时间，为清道光十二年（1832），寺中古碑、古石墩、古对联和大型木雕柱等依然保存完好。1997年由登觉大师主持寺中事物，1999年湖南省宗教局颁发证件，2015年省宗教局重发证件。2015年8月1日成立玉泉寺第三次复修理事会，社会筹资42万元，恢复正殿，新建厢房、善堂、土地庙、牌楼、香炉、钱炉和公厕，修建道路、喷水池、安全防火池，恢复了古井，硬化了寺坪。

玉泉寺

19. 潘市镇八角岭村白泥寺

　　白泥寺在潘家埠的八角岭上，始建于唐，原为一道观，传说何仙姑曾于此结庐修道，得道登仙。寺内现存有"何仙姑洗粉处"石碑。武后兴佛，改道观为苦立庵（一称白泥庵）。据传，当年唐僧全真和尚即寿佛（法号宗慧）夜驾飞舟至八角岭，见此地三面环水，竹秀水清，便在此停留。一日宗慧在八角岭用袈裟往湘江一罩，鱼即跳出水面。他说祁阳水浅地头薄，没人留他，便说"留不留，不留下全州"，于是到全州去了。清道光八年（1828），白泥庵得以重修，包括正殿、侧殿、斋堂、客厅、磨房、杂房，躲日本时能容纳四五百人。正中牌楼上有"有仙则名"四个大字，楼高十余米。殿分三层，即上天堂、中人间、下地狱。每层都置有木雕或泥塑菩萨，各层菩萨衣帽、神态不同，暗示人们为善莫恶。殿内天池两边各有大桂花树，庵内常年摆满供品，焚烧的柏木檀香，香气扑鼻。

　　1966年寺院被毁。1996年，由白水居士王嘉凌首倡，大愿法师资助，修复了寿佛殿和仙姑洞，并改称为白泥寺。

20. 潘市镇八角岭村杨泗庙

　　杨泗庙又称杨泗将军庙，此庙是老司里先祖于宋绍兴十年（1140）为纪念南宋杨幺农民义军首领杨泗而修建。传说杨泗将军神很灵验，哪里有杨泗庙，哪里就能保一方平安。该村村民外出做生意、做工，在出发的前一天都要去敬拜杨泗将军。该庙于2014年重新修缮，现保存完整，是湘南地区唯一保存完整的纪念义军首领的寺庙。此庙大门上方石刻大字"杨泗将军庙"，格外耀眼醒目，让人肃然起敬。左右十六字门联"满地黄巾幸平蜀汉，一帆碧水长庇潇湘"，龙飞凤舞，叫人叹为观止。它既是北宋末年湘楚历史的写照，更是湖湘先人向往太平盛世，祈求杨泗大人庇佑平安的心灵寄托。

杨泗庙

21. 七里桥镇挂榜山村云仙观

云仙观位于祁山中部之挂榜山，是祁阳县著名的道教胜地。观内大雄宝殿青砖铁瓦，宏伟壮观；观外古木参天，清凉幽静。云仙观始建于唐朝，历朝历代多有修缮。观院有围墙、山门，院内为一正两横建筑布局，正中为大殿，两边为横屋及戏台、道房、厨厕等建筑；道士多达20余人；周围

云仙观

稻田约 1400 平方米、山林 1.5 万平方米归观内所有，其收入作为观内费用。1958 年，观院被毁严重，铁瓦、铁香炉用作炼铁，院墙、戏台、南横屋被拆，所有神像被毁，只剩下空荡荡的大殿和北横屋。1983 年，居士雷扬名、刘召庆等人在众信士的支持下，请人重塑了诸神像；后经陶家岭、文家冲、玉竺等小组和众信士的帮助，逐渐修缮，现已初具规模。

云仙观遗存的铁瓦

22. 七里桥镇枣树园村勇南宫

勇南宫位于七里桥镇枣树园村，与观音阁隔江相望，始建于明洪武年间（1368—1398），为祭祀勇南王爷而建。明洪武年间，祁阳县城被洪水浸淹，传说王爷神像从火神庙荡出，漂至观音滩渡口回流水中，被当地渔民吴法旺、靳法通、谭法惠所获。三人遂在渡口岸上建庙安神，取名勇南宫。因王爷神像曾没于水，故王爷又成为水神，灵显湘江。庙的规模也不断扩大，最大时有前后两殿，戏台一座，东西厢房共20余间，占地1500多平方米，甚为壮观。1966年至1976年期间被全部拆除。1997年当地信士倡建正殿，经多方筹资，历经3年，于2000年冬告竣，面积200多平方米，现为正式登记开放的宗教活动场所。

勇南宫

大王庙

23. 七里桥镇龙口源村大王庙

　　大王庙位于七里桥镇龙口源村入口左侧山脚。建于清乾隆年间（1736—1796）。原有大殿一座，观音殿一座，厢房一栋。主要供奉大王、关帝、包公、岳王、观音、寿佛、七祖、罗汉等佛、神像，乾隆年间（1736—1796），大王庙首位住持道纯禅师，由羊角塘灵岩寺来此挂锡。乾隆后，寺内僧人众多，为生计，在龙口源町中置田十多亩。1949 年 11 月后出家人还俗。1950

大王庙

年，龙文乡在此办有一所小学。1958 年，寺内建有铸锅厂。1972 年，整个寺庙被拆毁。

2002 年 5 月，龙口源、云腾、金竹山、马颈坳、竹山口等村众多村民自愿筹资重建。经数次建设，现有大殿一座，观音殿一座，财神殿一座，厢房一栋。建筑面积 300 多平方米，塑有大王、七祖、寿佛、观音、关帝、岳王像。

24. 七里桥镇文家冲村何公殿

何公殿位于七里桥镇文家冲村中街，始建于民国三年（1914），由老殿迁址改建。为祭祀唐朝抗敌英雄"何公兄弟"而建。有大殿、戏台、厢房，供奉何公兄弟神像，当年香火十分旺盛。大革命时期，该殿是祁阳县东区农民协会会部，王首道曾在这里领导过农民运动。据传，一天，突遭国民党搜捕，王首道躲进何公神像背后衣内，紧抱神像，躲过了

何公殿

搜捕，化险为夷。1949年后，神像被毁，殿宇遭到一定程度的破坏。后因王首道同志的指示，殿宇保存了下来，1986年被列为县级文物保护单位。2001年，当地信士自筹资金，整修了殿宇，重塑了何公兄弟神像。2014年再次进行了修缮。

25. 七里桥镇龙门新村三门寺

该寺位于七里桥龙门新村二组，始建于民国二十二年（1933），由杨英橙建造。杨英橙请人为女儿杨和英算命，女儿终生不能婚嫁，于是就为其建

三门寺

造了一座寺观。从此，杨和英就成为了这座寺观的主人，尔后其又结识了一女伴名叫付贤意，从此两人相依为命。全寺观四垛三间，土木结构，因年久失修，墙体开拆，特别是"文革"期间，殿内佛像被捣，设施被毁。

20世纪80年代，信仰人士多次提出将此寺观重新修建，让两个尼姑安度晚年，经统战、宗教部门批准，将寺观重修。2000年至2002年，老尼姑先后去世，寺观易地重建。重新修建在白竹塘村与丁庙湾村的交界地段金盆岭，2013年修建，2016年完工。其寺观内，供有释迦牟尼、观音、阿弥陀佛、无量寿佛、七祖明山德道、千手观音诸佛像。

26. 下马渡镇紫山冲村云隐庵

云隐庵

云隐庵位于下马渡镇紫山冲村，清乾隆六年（1741），甘泉寺禅僧见此风景秀丽，故建此庵。清道光十九年（1839）重修，规模扩大，建有一正四横15间，还有厨房、厢房、槽门等8间，共计32间房屋，建筑面积1500多平方米。此外，有果园、空坪隙地等1200多平方米。大殿雄伟庄严，殿内供奉如来、观音、齐天大圣、关帝、七祖老爷、弥勒佛、包公等八位神、佛塑像。当时香火十分旺盛，民国时有出家人20多个。到1949年时，只

云隐庵

剩下 5 人。土改时有俗名叫福生和寿生的两个出家人分得田山，以后逐渐荒废，至今尚存正殿和 11 间房屋。2003 年，将原庵院进行了全面维修，门前雕刻的三副对联引人注目。正门对联："眼接衡岳，波罗黄声开悟；山达大华，鸾凤展翅来朝。"左耳门对联："意含菩提潜修梵宇，渗清苦海笑失人间。"右耳门对联为："紫山层峦圆绕佛地，云隐叠嶂宝座如来。"

27. 下马渡镇梅子坪村天竺庵

天竺庵位于下马渡镇梅子坪村，始建于唐朝。原有一座大殿，大殿正门有对联云："垂德生民幻化乔装扬四海；消除灾难禅机莫测拯万家"。两排横屋，殿内供奉如来、观音、十八罗汉、二十四诸天菩萨、玉皇大帝、王母娘娘、齐天大圣、关帝、虫禾娘娘等佛、神像。自建庵至中华人民共和国成立前，均有出家人主持香火。中华人民共和国成立后，塑像被毁，出家人还俗搬出，殿宇因年久失修而倒塌。1993 年至 2003 年，当地信士自筹资金，在原址重修厢房 3 间、大殿一座 5 间、小殿 2 间，墙体为夯土墙，修补了齐天大圣原石像，重塑了如来、关帝、虫禾娘娘像。被县宗教办批准为正式宗教活动场所。2017年，新修毛主席纪念馆，陈列着毛泽东的塑像和朱德、周恩来的画像。

天竺庵

西莲庵

28. 下马渡镇东溪源村西莲庵

西莲庵位于祁阳县下马渡镇东溪源村八组。庵院始建于明崇祯元年（1628），总建筑面积千余平方米，有3座大殿、20多个僧人，香火旺盛，闻名于衡阳、永州。清咸丰九年（1859），庵院被烧毁。清同治八年（1869）重建庵院，有大殿一座，厢房十多间，总面积七百多平方米。供有如来、文

西莲庵

殊、普贤、寿佛、七祖、观音、十八罗汉等大小佛、神像 40 多尊。庵内有僧十余人、尼五人。中华人民共和国成立后，特别是 1966 年至 1976 年期间，庵院遭到严重破坏，佛像全毁。2002 年由东溪源村九组彭发拥等人组织，自筹资金，重新整修庵院，历时两年告竣。2002 年经县宗教办批准，正式授牌开放。

29. 下马渡镇青峰村王爷殿

王爷殿位于下马渡镇青峰村（原石湾村），建于清朝由刘姓首倡，建有正殿 5 间，厢房 6 间，戏台一座，有稻田，山林，供奉勇南王爷神像。中华人民共和国成立后，神像被毁，房屋改做他用，但基本完好无损。1997 年，当地信士雷杨名、刘召庆等人通过请示政府同意，收回殿宇。1999 年自筹资金，补修殿宇，重塑王爷神像。2000 年重修戏台。同年被批准为正式宗教活动场所。现有面积千余平方米。

王爷殿

龙泉寺

30. 黎家坪镇枫树岭村龙泉寺

  龙泉寺位于黎家坪镇枫树岭村，始建丁清乾隆元年（1736），民国十四年（1925）重修，建筑面积约900平方米，为两正两横四合院布局。前殿供

龙泉寺

奉释迦牟尼、观世音、地藏、七祖、阿弥陀佛、药师、十八罗汉等佛像，后殿供奉财神、虫禾娘娘等神像。"文革"期间遭到严重破坏，1995年经县宗教办批准，重新整修寺院，现寺院占地面积5000多平方米，建筑面积930平方米，建有两殿六房，有僧两名看护香火。

31. 凤凰乡花筵村武圣殿

武圣殿位于凤凰乡花筵村，此殿东连秧田，西抵长吉，南傍凤凰，北通中荣，四面山峦叠翠，素有一步踏三县之优。清末民初，盗匪横行，民不聊生，在这危难之际，贤人邓公茂满倡修该庙，得到万众响应，历十余年，于民国十年（1921）告竣。殿内供奉关公神像，自后盗匪畏惧，百姓安康，游人信士，络绎不绝，香火鼎盛，灾祸全消。

"文革"期间因破"四旧"，致使该殿遭毁，后改为学校，2005年重修。

武圣殿

32. 金洞镇白沙源村观音寺

金洞镇白沙源村观音寺建于明末清初。民国三十二年（1943）当地绅士奉孙富倡修。1976年修建白沙源电站时被拆。2015年居士奉根昌发起在原址重修，筹资5万元，于2016年6月动工，2017年元月

观音寺

竣工，并题写对联"教仰观音万古显灵，重建寺院千民献心"。建筑为两层：一层为钢筋水泥柱墩，二层为观音寺神像香火房。寺院前门题写对联："善施佛法大慈大悲，庆受苍生救苦救难。"横批为"慈航普度"。

观音寺

第九章
古道路

中华人民共和国成立前，境内有驿道、大道和乡村小道构成交通运输网络。驿道穿过县城，并以县城为中心向四周通联邻县，驿道与大道交叉衔接，相辅相成，方便官方车马，商贾贸易；乡里小道，互为交错，便利民众生产生活。

第一节　陆路

1. 古驿道

驿道，是由古时的车马道演变而成，亦称车马道。西汉以后，把车马道上的管理机构称为驿站。自此，车马道改称驿道，故驿道又名"官道"。一般宽度在 1.5 米至 2.5 米之间，部分路段，宽度超过 3 米。有黄土路、砂石路，城镇、集市地段多为青石板路面。翻山越岭陡峭路段建有石砌台阶，必要路段开有排水明沟。

三国末年，祁阳县治（今祁东县金桥镇）有驿道穿城而过。唐代，自县城（今祁阳茅竹镇茶园村）经衡阳，出长沙，穿江陵，过襄阳，上京都。明

下马渡镇粟木铺驿道（营盘町村）

清时代，自京城经蒲圻，过长沙、衡阳、零陵，直达广西、交趾（越南）的驿道通过祁阳县境。清朝末年，祁阳境内（含祁东）有驿道4条，总长174千米，是祁阳通往县内各乡镇及外县的主要陆路通道。

东北驿道

从县城迎恩门出城，经枫林铺、粟木铺、熊罴铺、搭桥铺、大营铺、黄土铺、东富铺、白鹤铺、排山铺，抵清泉县（今衡南），与去衡州府的驿道相接，境内计程51.5千米。此驿道是明清时代祁阳通往衡阳方向的主要道路。其中熊罴铺至搭桥铺路段要翻越熊罴岭，陡峭难行。民国二十五年

下马渡镇熊罴岭驿道（蒋盛文／摄）

下马渡镇熊罴铺（大桥湾村）

（1936），随着衡桂公路通车及以后省、县、乡公路的建设，驿道逐渐为公路取代。现在原熊罴岭半山亭地段仍有长约1000米的古驿道，保存完整。

西南驿道

祁阳西南驿道自县城长乐门出城，渡湘江，穿阅江亭，过孙市街，经长流铺、富里铺、昼锦铺，抵黄公岭，入零陵县境，与去永州府的驿道相接。县城至黄公岭计程17.5千米，此驿道全程宽2.5米左右，路面用青石板或河卵石铺筑，路基坚实，线路平坦。民国二十五年（1936），衡桂公路建成，商旅去永州多取道公路，此驿道逐渐废弃，部分路段变成公路。

浯溪街道长流铺（长流社区）

茅竹镇富里铺（富里村）

茅竹镇昼锦铺（柏家新村）

茅竹镇昼锦铺（柏家新村）

西北驿道

自县城朝京门出城，经石桥铺、黄岗铺、文明铺、香塘铺、罗田铺，抵界牌岭，入邵阳县界，与去宝庆府的驿道相接。县城至界牌岭65千米，祁阳县城至宝庆府计程100千米。

大村甸镇石桥铺（石元村）

此驿道路面宽约2米，县城至文明铺路段皆为青石板铺筑，出文明铺至界牌岭路段多为河卵石嵌铺，间有石板路。明清时代，此驿道系永州、宝庆两府官方要道，亦是民间重要经商

大村甸镇丁家岭（丁家岭村）

大村甸镇新铺子（新铺子村）

通道。随着现代交通运输的发展，行人逐渐减少。

东南驿道

　　从长乐门出城，渡湘江，过孙市街，至西南驿道上的接官亭分道，向东南沿湘江下游方向前行，经花山岭、凤凰滩、新铺、石坝、白水、烟塘、木梓圩，抵乐山，东联常宁县界，南接宁远、新田

浯溪街道孙市街（孙市村）

观音滩镇花山岭（花山村）

观音滩镇新铺（新铺村）

白水镇石坝（联丰村）

白水镇烟塘（烟塘村）

县界。境内计程 45 千米。此驿道路面宽 1.5 米～2 米，青石板路段与卵石嵌铺路段相间。明、清两代，此驿道为祁阳及湘西诸县去广东的交通要道，也是一条重要商道。1947 年粤汉铁路株洲至韶关段通车，1960 年祁阳至常宁公路建成，皆沿此驿道走向修筑，驿道随之退出历史舞台。

2. 古大道

大道，俗称大路，为历代乐善好施的绅、庶人等倡捐、劝捐，众人乐从，集资献力而辟成。旧时，境内大道一般宽度在 1 米～1.5 米之间，部分路段宽度超过 1.5 米。路面铺嵌河卵石或铺青石板，部分路段为黄土碎石路。清末及民国初期，祁阳境内共有大道 15 条，其中东方大道 3 条，南方大道 4 条，西方大道 1 条，北方大道 3 条，西北大道 4 条，总长 516 千米。

东方大道

祁阳至过水坪

从寿井门出县城，经甘节亭、陶家岭、桎木山、白尼庵、下马渡、团

下马渡镇黄板桥（双联村）

山、黄沙铺、黄板桥、牛栏头至谭家桥，右行往滴水、风口岭、黄麻塘、牙泉、姊妹岭，再前行约 5 千米至过水坪。县城至过水坪计程 40 千米。1958年至 1972 年，祁阳县城至睦关头公路、祁东黄麻塘至过水坪公路先后修通，此大道多被公路替代，只残留滴水到风口岭约 5 千米山道。

下马渡镇牛栏头（双联村）

下马渡镇清秀亭（梅子坪村）

下马渡镇滴水（梅子坪村）

下马渡镇滴水后山上的石板路

祁阳至双桥

自寿井门出城，经陶家岭、下马渡至谭家桥，右行经梅子坪、枣园岭、十字路、球树脑（今祁东大同市），再北行5千米达双桥。县城至双桥计程35千米。1972年后，祁阳修通县城至睦关头公路，祁东修通县城至球树脑公路，大道大部分被公路代替，仅残留枣园岭约5千米山道。

下马渡镇谭家桥（梅子坪村）

下马渡镇谭家桥右行至双桥

下马渡镇梅子坪（梅子坪村）

下马渡镇梅子坪至傅家岭路

下马渡镇傅家岭（梅子坪村）

祁阳至归阳

自寿井门出城，经东江桥、宝塔街、黄土岭、望邑亭、七里桥、鹅颈石、龙口源、吊楼湾、马颈坳、竹山口、大湾村、董家坳、马祖园、梅溪、黄袍坳、谢阿町、菜子塘、新亭子、双把亭、高牌岭，再前行 2.5 千米到归阳。县城至归阳计程 45 千米。另可从黄土岭经三门滩、木埠头、马鞍岭、潘家埠去归阳，需绕道 5 千米，可免翻越吊楼湾至马祖园 5 千米多山路。1969 年，祁阳至羊角塘、祁阳至龙口源公路相继修通，此道由公路取代。

七里桥镇鹅颈石（鹅颈石村）

七里桥镇三门滩（龙门新村）

七里桥镇培寿亭（云腾村）

潘市镇马鞍岭（柏家村）

潘市镇胡家亭子（新陆村）

七里桥镇三门滩石板路（龙门新村）

南方大道

祁阳至东安

从驿马门出城，渡湘江，经浯溪、新埠头、唐家岭、道塘、茅竹山、泉

茅竹镇道塘石桥（幸福村）

茅竹镇道塘石板路

茅竹镇泉塘（清水塘社区）

塘、厂坪，过胡冲坪入零陵县境，经冷水滩枕头圩，再南行10千米到东安。县城至东安计程55千米，境内计程15千米。1936年至1938年，衡桂公路和湘桂铁路先后通车，此道废弃。

祁阳至连县

茅竹镇昼锦铺（柏家新村）

茅竹镇昼锦铺（柏家新村）　　　　　　　　三口塘镇腊树脚（里塘村）

　　自驿马门出城，渡湘江，循西南驿道至昼绵铺（今茅竹镇），过腊树脚（三口塘镇）入零陵县境，再经宁远、蓝山到连县县城。祁阳至连县全程175千米，境内计程21千米。清代及民国初期，此道为永州、宝庆二府入粤运盐捷径，但道路险峻，杀人越货，时有发生。粤汉、湘桂铁路通车后，此路渐成陈迹。

祁阳至大忠桥

　　从驿马门出城，渡湘江经孙市街、接官亭、花山岭、凤凰滩、观音滩、长塘、东泉头、七拱桥、黑人庙，再南行4千米到大忠桥。县城至大忠桥，

浯溪街道长流铺（长流社区）

观音滩镇东泉头（东泉村）　　　　　　　　大忠桥镇冲头村

大忠桥镇黑人庙（烟塘村）　　　　　大忠桥镇喜寿亭（金旗村）

计程 45 千米。1959 年至 1965 年，清水塘至大忠桥公路建成通车，此大道后被分段改建为境内乡级公路或村道。

祁阳至新田

沿经东南驿道，经白水、冷水铺、肖家村、花筵江、白果市，再经大坝头到新屋岗，穿罐子洞进入新田县，从宁远县南部再转至连州。来回一次十八天。沿途土匪拦路抢劫，还有祁（阳）东（安）自卫总队在花筵江设卡

肖家镇肖家村老街

凤凰乡花筵江（花筵村）

肖家镇共和村

凤凰乡旭日洞村盐道

凤凰乡旭日洞村盐道
（贺国华／摄）

肖家镇共和村三十八梯

收盐税，凡路过这里的每一担盐要剜一大丁瓢，作为税收。因此，人们把花筵江叫作"剜盐江"，把自卫队呼之为"十一本"，意思是这些人比日本鬼子还可恶。

西方大道

祁阳至黄阳司

从朝京门出县城，循西北驿道至雷潭观，往石岭、新塘、歇息岭、何家岭、许家亭、瓦渣亭、华皮冲、二牌山，过花亭入零陵县境，再经白谷塘前行数里到黄阳司。祁阳县城至黄阳司全程17.5千米，境内计程12千米。华皮冲至花亭段，山道崎岖，人烟稀少。民国以前，时有盗匪出没，杀人劫货。1976年后，公路贯通至许家亭五艾村，此道废弃。

大村甸镇新莊头（立新村）

大村甸镇新莊头（立新村）

大村甸镇许家亭（许家亭村）

北方大道

祁阳至白地市

有两条路可走：一是从甘泉门出县城，经赶仙坳、荷叶渡、断岐岭、汤家岭、鲢鱼塘、斋公坪、枫树岭、石湾、九龙寺、杨家岭、水仙桥、朝主

黎家坪镇九龙寺（九龙村）　　　　　　下马渡镇汤家岭（汤家岭村）

文富市镇文铺子（农科村）　　　　　　文富市镇官山坪（清太村）

山、南河岭、官山坪，再前行 5 千米到白地市。县城至白地市全程 27.5 千米。二是从朝京门出城，经牛婆冲、茶亭、张家亭、官达岭、苏油坪、石子岭、黎家坪、沙滩桥、南河岭、官山坪，再前行 5 千米到白地市，县城经此道到白地市全程 30 千米。民国二十五年（1936），衡桂公路建成通车后，此两条北方大道被公路取代。

西北大道

祁阳至包圣殿

大村甸镇石桥铺（石元村）　　　　　　大村甸镇黄岗铺（黄岗铺村）

大村甸镇进步村石板路

文明铺杉树桥（青云村）

　　从朝京门出县城，循西北驿道经白沙庙、雷潭观、石桥铺到文明铺；再往高码头、杉树桥、秦家岭、砖塘，过砖塘桥行3千米到包圣殿。县城至包圣殿计程40千米。1957年后，祁阳修通黎家坪至石板铺公路，祁东修通白地市至包圣殿公路，此道被公路取代。

祁阳至步云桥

自县城循西北驿道至文明铺，再经贺家院、石头坪、家亭、青龙庵、左家岭、茅坪、人和坪、百岁门、满姑冲、汪家坳、苞谷亭，再行数里到步云桥。县城至步云桥全程 50 千米。

文明铺镇街上西北出口   文明铺镇民主亭（蒲草塘村）

祁阳至蒋家桥

从朝京门出城，循西北驿道，行至香塘铺，经两路口，沿右方大道直行，过龙家亭子再行 5 千米到蒋家桥。县城至蒋家桥，全程 50 千米。另可从文明铺经窑头铺、云排岭（今龚家坪）、石板铺、楼底、杉木桥，行至太和堂再向右行 5 千米到蒋家桥。祁阳经此路到蒋家桥，行程 52 千米。太和堂是个大圩场，旧时，经此道过往的客商、脚夫亦是络绎不断。

文明铺镇泥井湾（泥井湾村）石板路   文明铺镇街上水巷子

祁阳至紫云桥

自县城循驿道至文明铺，经茶叶亭、汉字岭、堰脑头、沙子坪、四角丘、翻四望山的良村岭，下山后再行数里到紫云桥。县城到紫云桥，计程45千米。中华人民共和国成立后，祁阳、祁东两县所修筑的公路，连通了白地市经黄土铺、步云桥、蒋家桥到紫云桥线路，祁阳黎石公路与白地市紫云桥公路在太和堂镇路段相接，旧时的步行大道被公路取代。

文明铺镇老街出口　　　　　　　文明铺镇民主亭（蒲草塘村）

古路碑

路碑俗称"矮子碑"，均为石制，埋设于分岔路口，碑文刻明岔路去向地名，有些注明去向里程。县境内已发现四块古路碑。第一块在肖家镇共和村，碑上文字为"左走花筵江，右走太平圩。王上汉为男王太生立"。第二块矮石碑在下马渡镇枫石铺村，上刻"右走株林山，左走荷叶渡，行人路碑。辛亥年立"。第三块在梅溪镇龙凤庙前，上刻"右走廖家冲，左走鸡笼山。蒋开名立，壬辰年置"。第四块在黎家坪镇张公坪发现，出文明铺往东南方向走，前方岔路口有路碑，上刻"左通文明铺，右通双江口。桂文高"。四块路碑均高约0.6

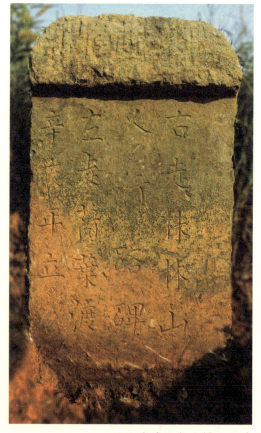

下马渡镇汤家岭村矮子碑

米，均宽约 0.2 米，皆为当地仁惠之人捐置。中华人民共和国成立后，由于道路的变迁，这种矮子碑已很少看到。

梅溪镇广岐村矮子碑

肖家镇共和村矮子碑

黎家坪镇张公坪村矮子碑

3. 古公路（衡桂公路）

民国二十五年（1936），当时民国政府在祁阳建成第一条国家干线公路。此路初建时起自湖南衡阳，止于广西桂林，故称为衡桂公路。祁阳境内路段北起与祁东交界的黄母桥（82K+100），向南穿越文富市、黎家坪、县城至与冷水滩交界的界牌铺（K123+000），计程 41.05 千米。1990 年此路经交通部统

衡桂公路

一编号为 G322 线。

民国十三年（1924），湖南省善后督办唐生智筹划以工代赈筑路，衡桂公路由湘桂两省在各自境内分段修筑。民国十七年（1928），开始兴建衡阳至泉湖段。次年6月，随即施工。民国二十一年（1932）五月一日，泉湖至洪桥段 21.91 千米竣工通车。民国二十五年（1936）二月，洪桥至祁阳段工程竣工通车。同年七月，祁阳至永州段竣工通车。洪桥到永州国道路段路基宽度为 6.5 米 ~ 7.5 米，泥结碎石路面宽 3.5 米 ~ 3.8 米。有公路桥 6 座，汽车渡口 2 处。

4. 古铁路（湘桂铁路）

铁路线

祁阳在中华人民共和国成立前只有一条铁路，即湘桂铁路。

湘桂铁路起于湖南衡阳火车站，与京广线接轨，止于广西友谊关，全长 1026 千米。衡阳至桂林段长 361 千米。境内湘桂线自文富市镇黄母桥入境，从大村甸镇幸福村出境，计程 22.2 千米。此路于民国二十六年（1937）九月兴工修筑，民国二十七年（1938）九月竣工通车。

民国二十六年（1937）四月，铁道部与湘、桂两省政府组建"国民政府特许湘桂铁路股份有限公司"，并设理事会为最高监督机关。结果，因概算与实需金额相差甚远，财政、交通两部代表政府先后三次同法国银团和中国银行借款未果，工程未能及时开工。至民国三十年（1941）为止，交通部共投资 1.19 亿元，湖南省共投资 477.46 万元，广西省共投资 353.58 万元。

民国二十七年（1938）九月，湘桂铁路全线竣工通车，开启了祁阳境内铁路建设和火车客货运输。民国三十三年（1944）七月，当局为切断侵华日军交通，将境内铁路桥梁炸毁，路基路轨亦遭破坏。日军占据祁阳县期间，

湘桂铁路

强抓丁夫，修复通车。1949 年 8 月，国民党军白崇禧部向西南溃退时，又将部分桥梁、路基炸毁。解放军工兵部队配合铁路工程队组织群众抢修，至 1950 年底修复通车。中华人民共和国成立后，先后修筑了坦头岩铁路采石场、黎家坪省水泥厂、祁阳县石油公司黎家坪油库共三条里程不等的专线铁路。

火车站

民国二十七年（1938），湘桂铁路通车后，祁阳境段设有黎家坪、大村甸两个火车站。1965 午 7 月 1 日，增设南河岭会让站。1985 年 4 月 1 日，增设白塘会让站。

原祁阳客运站

祁阳站

此站始名黎家坪火车站，1989 年 4 月 15 日，改称"祁阳站"。黎家坪火车站初建时，原设三股道，正线一股长 557 米。1971 年，站内增修了现四道到发线，有效长度 663 米。1989 年 10 月，站内东头增修一股安全线，同时增修了现六道货物线，有效长度 245 米。1986 年，祁阳县人民政府与长沙铁路分局共同出资 200 多万元，新建六道货场，占地 18676 平方米。至 1994 年，旅客候车室面积扩

祁阳货运站

至 300 平方米。1994 年，县政府筹划与长沙铁路总公司共同扩建祁阳站。1995 年动工，到 2001 年元月完工启用。扩建后的祁阳站占地面积 12000 平方米，建筑面积 7934 平方米。站内有候车室两个，货场总面积扩建至 57362 平方米，站房北侧建有售票房。站前广场面积 10000 平方米，堪称国内一流县级车站广场。

大村甸站

大村甸（原名大村町）火车站是湘桂铁路线上的一个四等车站，位于祁阳县大村甸镇。此站建于 1938 年，设三股道。正线一股长 420 米，到发线两股，共 1050 米。初建时，车站为简易平房，木门木窗，候车室三十多平方米。1979 年新建两层站房，站房总面积达到 1500 多平方米，货仓雨棚面积 211 平方米；货物堆场 1 个，3100 平方米；客运站台 2 个，2540 平方米。建站以来，为祁阳的经济发展作出了很大贡献。

大村甸站

大村甸站铁路

第二节　古渡口（码头）

　　旧时，祁阳境内不少陆路与水域交叉之处，设有渡口。明清时代及民国初期，县内没有公路，河上很少堰坝，水运畅通，商贸繁荣。境内水程共三百余千米，渡口码头甚多。中华人民共和国成立初期，全县渡口127处，1952年祁东从祁阳析出，1954年宁远11区划归祁阳，境内有渡口97处，散布于湘江、祁水、白水、清江及小支流道路通过之处。大河摆渡，撑篙摇橹；小支流上设小舟，以绳牵渡。境内码头有二十多处，滴水埠、三吾镇、木埠头、观音滩、马鞍岭埠、毛家埠、潘家埠、白水、河埠塘、黄泥塘、归阳、河洲等湘江两岸集镇，都建有石阶式渡口、码头。中华人民共和国成立后，县城浯溪镇、观音滩镇、白水镇、黄泥塘镇为四处主要港埠。

　　民国二十五年（1936），衡桂公路通车，祁阳境内祁水沙滩河和湘江浯溪河段两处因无桥而设立汽车渡口，成为祁阳最早的公路渡口。1978年后，祁阳境内因公路、桥梁、水电站建设发展迅速，很多码头被淹，渡口被废弃。今拍摄部分古渡、古码头作为祁阳水运历史的见证。

1. 湘江古渡口（码头）

滴水渡口

　　滴水渡口位于茅竹镇湘江之滨的滴水村。明、清时代，滴水既是渡口，又是境内商船、木排的中转站，称为滴水埠，集镇虽小但店铺众多，港区舟楫如林，埠内商客如云。码头装卸搬运业务异常繁忙，曾有"小南京"之称。据当地老人介绍，整个码头石阶原近80余级，

滴水渡口

从上部歇台至湘江岸边，丈量距离约36米。浯溪水电站建成后，石阶基本被淹。

浯溪渡口

浯溪渡口位于浯溪水汇入湘江处北侧，始建年代失考，传为当地乡贤田联卿、刘应选、徐杨生、周华亭、蒋如生等捐资募建。有渡船一艘，渡工两名，供渡工及渡船修造用。清嘉庆四年（1799），浯溪对岸乡贤李成素、董李秀等又捐田数亩，增置渡船1艘，从此两岸对开，行旅称便。

民国二十五年（1936）衡桂公路建成通车，为保护浯溪碑林，渡口改至现湘江桥西侧。1937年8月，湖南省公路局在此设立轮渡，配25马力拖轮1艘，趸船两艘，板划两艘。1983年4月，浯溪湘江大桥建成通车，浯溪渡口随即撤销。

浯溪渡口

杨家桥渡口

杨家桥渡口

此渡原为一处古渡，位于今祁阳县城幸福路南端湘江河畔。明、清时代，此处建有城门，初名控粤门，后更名称长乐门。城门近处街道设有驿站，名三吾水驿。养有驿马，配有驿船，安排有驿夫。故有人称长乐门为驿马门。河边水运码头称驿马门码头，码头上游有一条石板街，初名上河街。街口有一座石拱桥，名杨家桥，"文革"时这条街更名杨家桥街，自此，原水运码头渡口统以"杨家桥"冠名。

杨家桥渡口对岸

杨家桥渡口是一处"官渡",始建于明隆庆年间(1567—1572),由当时的三吾水驿管理。清乾隆二十七年(1762),知县李蒔与绅士陈瑞禄等重修驿马门渡口码头。清嘉庆三年(1798),知县李清英重修渡船。

中华人民共和国成立初期,渡口经营沿袭民国状况。1956年,原义渡收归集体,实行收费过渡。此渡口现主要渡运孙市和长流村等村往返县城的居民。

黄道门渡口

黄道门渡口位于今县城黄道街码头下,始建于清康熙六十年(1721),为陈洪、徐延望、蒋一荐、唐际虞、胡玉秀等捐资公设。有渡船两艘,渡工两名,置有田产供渡工及渡船修造用。后因

黄道门渡口对岸

渡产被人侵占而停渡。清乾隆二十八年(1763),县绅伍泽梁等清理渡产被侵事案,并募捐银两支助,此义渡恢复。中华人民共和国成立后,该渡口仍在使用。现主要渡运塔边村和土轻村的村民往返县城和出售农副产品。

黄道门渡口

新码头

新码头

新码头位于黄道门与迎透门之间。此处原为钱家码头，民国十年（1921）商绅谢三和曾租用为轮船码头。中华人民共和国成立后，县林业部门排筏常靠泊于此。1972 年，县运输公司另建斜坡平台式货运码头，水泥

新码头

混凝土斜坡长 135 米，宽 8 米，临湘水平台成长方形面积约 100 平方米，有泊位 4 个，枯水深 1 米，常年可泊大型货船。码头上部安装有绞盘机，方便板车运输，后因有小四轮直接上下斜坡，绞盘机拆除。

迎秀门码头

迎秀门码头位于迎秀门外，今东正街南端。明、清至民国时，此码头是县城最繁华的商埠码头，自城门外，码头成直坡阶梯而临湘水，长 32 米，宽 2.7 米，青石阶 32 级，始建年代不详，推考当在明代。清嘉庆年间（1797—1820），迎秀门码头箩夫 40 人，捐资重建后，成立迎秀门箩行，时称下箩行。民国时，邑人曾多次捐资修整以便箩行搬运。码头下部筑有初月

形平台，长 28 米，面积约 30 平方米。此码头现已废弃。2000 年，浯溪镇砂石经营者在迎秀门码头旧址建成一处砂石码头。

迎秀门码头

白沙渡

白沙渡又称塔边渡口，位于宝塔街后湘江边，始置于唐武德四年（621）。清至民国时，有渡船 1 只，义渡田在赤弯甸，义渡会首事为邓玉卿。

白沙渡

白沙渡

塘河边渡口

塘河边渡口码头位于七里桥镇大堡桥村。渡口码头修建于清光绪二十二

塘河边渡口

年（1896），对河是观音滩镇利溪村，百余年来是两镇村民的水上交通要道。因渡船多年未修，船已漏，2018 年 6 月起停渡至今。

江边渡

江边渡位于七里桥镇江边村，湘江对岸是观音滩街口，始建于清乾隆年间。因观音滩煤业发达，常有贩拖篓者由此过渡。枣园村的学生也都经此渡

江边渡

江边渡口对岸观音滩

到观音滩上学，渡口分文不收。

观音滩渡口

观音滩渡口位于观音滩镇街口前湘江边。自街口至江边有石砌码头，观音滩渡口及码头始建于清乾隆年间（1736—1796），为乡贤廖慎明独资捐建。

观音滩渡口

观音滩渡口对岸

有渡船 2 艘，渡工 3 名，置渡产田多处，油茶山 1 处，租佃生息，供渡工生活及渡船修造开支，行旅过渡，不收分文。清道光十二年（1833），乡贤廖鹏轩又捐田多处，增设一渡，渡名"永济"。因同为地方义渡，虽渡同一水域，却能和衷共济，传承至中华人民共和国成立初期不变。1956 年，渡产由当地区、乡政府收归集体，渡口由县渡口管理委员会接管，实行收费过渡。1964 年，渡口由县渡管站接管。2016 年，观音滩渡口设机动渡轮一艘。

石坝渡口

石坝渡口位于白水镇联丰村，建于明嘉靖八年（1519）。从石峡洲至联丰村，既有客运又有货运，货运主要运输煤、坛子、木材等。1997 年新建码头，由县渡管站配置机动渡轮一艘，从联丰村至石峡洲。

石坝渡口

石坝渡口对岸老渡口

石坝渡口对岸

马鞍岭木排码头

马鞍岭木排码头

马鞍岭木排码头位于潘市镇柏
家村河树湾，又名柏家村河树湾码
头，是柏氏家族发祥之地。柏氏后
人自清嘉庆年间（1797—1820）开
始经营木材生意，生意上至江华瑶
山大岭，下至岳阳、湖北、江苏等

马鞍岭木排码头

地。因河树湾是天然港湾，避开湘江激流，中华人民共和国成立后冷水滩水
运局也以此码头为木材中转站，直至改革开放后，木材中转站才解散。

毛家埠渡

毛家埠渡位于潘市镇毛家埠村，建有长条石渡口码头，始建于明正德
十七年（1522），为乡贤李国镇、陆毓生、蒋亮合、肖振杨、谢大谋、赵秀
等捐产公设。置渡船一只，以义渡田产供养渡工及渡船修换，不取渡费。

毛家埠渡口

白水渡口

白水渡有上、下两渡口。上渡位于今白水镇沿江街 214 号房后。此渡口位于上渡的下游约 200 米处，为肖玉龙、刘琢章等募捐所建，主要为湘江流域服务，设有渡会，置渡船 1 艘，渡船的修补替换由"白水钉船会"免费相助。中华人民共和国成立后是白水连接湘江流域的重要渡口，曾有客轮抵达县城。

白水渡口

八角岭渡口

此渡位于潘市镇八角岭村，与对岸白水镇相望，始建于清乾隆七年

八角岭渡口

八角岭村邓家大院渡口

（1743）。属当地乡贤捐资捐田产之义渡，后与河埠塘渡口同年被县渡管站接管。2016年，八角岭渡口安排机动渡船一艘。

河埠塘渡口

位于潘市镇湘江畔。古时，此处名河埠塘，是祁阳境内一重要水运埠头。明万历八年（1580）始修河埠塘码头，置渡船，设渡口。行人过往众多，历四百余年不衰，1964年由县渡管站接管。2016年，河埠塘渡口置有机动渡轮两艘。

河埠塘老渡口

河埠塘新渡口

潘家埠渡口

此渡原是一处古渡，位于祁阳县潘市镇湘江边，"文革"前，"潘市"称潘家埠，历来为祁阳境内的繁华水运埠头。清康熙二十五年（1686），由当地乡贤捐资修筑潘家埠码头，设立潘家埠渡口，其演变过程雷同于观音滩渡

渡口对岸搭洲　　潘家埠老渡口

潘家埠新渡口

口。至 2016 年，县渡管理站配置潘家埠渡口机动渡轮一艘。

太平渡

太平渡位于潘市镇建溪村，为李良梓叔侄俩捐产募建，设渡船一只，不收渡费，置有田产用于供养渡工及渡船修补。

太平渡石雕

太平渡

黄泥塘渡口

此渡位于今祁阳黄泥塘镇湘江畔。明、清时代，"祁阳水路设塘三十四处"（清嘉庆《祁阳县志》载），黄泥塘属其之一，是县内湘江畔之重要港埠，有门楼、官厅、哨船。明崇祯十三年（1640）建黄泥塘码头，设黄泥塘渡口与对岸潘市镇龙潭村相望。经历370多年，石砌码头仍稳固古朴。中华人民

黄泥塘渡口

黄泥塘渡口

共和国成立后，渡口田产收归公有，渡口被县渡管站接管。2016年，安排黄泥塘渡口机动渡船一艘。

唐家岭渡口

位于今黄泥塘镇唐家岭村，曾是乡政府所在地。旧时沿湘江河岸建有石板街，与对岸归阳镇（今属祁东）隔河相望，两岸商旅行人全靠渡运往来。民国十五年（1926），两岸乡贤分别捐建渡船、田产，设置义渡，渡船对开，

唐家岭渡口

共济行人，不收渡费，至中华人民共和国成立初期不变。1952年，祁阳、祁东两县分立，两岸渡运规则依旧。1956年，两岸渡口各归本县渡管机构接管。2016年，祁阳唐家岭渡口有机动渡船一艘。

唐家岭渡口

下埠头渡口

下埠头渡口位于唐家岭渡口下游黄泥塘镇杨梅塘村，始建于清雍正五年（1727），为赵启凤捐产募建。初置渡船一艘，渡工两名，并购渡产田10亩养渡。清光绪年间（1875—1908），当地赵、王两族又各设渡会，赵族渡会出渡产田27000平方米，置渡船两艘，王族出渡产田32000平方米，置渡船一艘，两族义渡，方便行旅，又以渡产租息修筑两岸渡口码头，并建凉亭4座。民国十六年（1927），当地乡贤唐敏考虑渡船均夜泊下埠头岸，归阳岸

下埠头渡口

渡口码头　　　　　　　　　　　　　对岸归阳渡口

行旅不便，乃倡首捐建唐族义渡会，增置渡船一艘，建渡房两间于归阳岸，安排渡工两人，夜泊归阳岸，两岸客商往来方便。如是，下埠头渡口前后共有渡船 5 艘，义渡行旅，不收渡费，直至中华人民共和国成立初期不变。2016 年，下埠头渡口共有渡船 3 艘，分别由县渡管站和当地镇村管辖。

2. 其他水域渡口

中华人民共和国成立初期，境内祁水流域设有渡口 20 余处，白水流域有渡口 30 余处，清江流域有渡口 20 余处，大多为渡会公设的义渡，分别置有田产养渡，也有少数以渡养渡的民间私营渡口。随着引水坝和桥梁的建设，大部分渡口荒废。为让后人了解这些渡口的形成及演变，有必要就几处名渡加以记述。

蛤蟆堰渡

蛤蟆堰渡位于黎家坪镇江边湾村下江小组，祁水对岸是九龙寺乡堰塘冲小组，始建年代不详。自民国以来，此渡常年置有木船一艘，用草绳拉渡，

蛤蟆堰渡

蛤蟆堰渡口对岸堰塘冲

过往行人自拉自渡，常因船在对岸而久等，高声喊渡无人应，现已荒废。

朱里山渡

位于今县城龙山街道六合岭村朱里山。多年前，株林山曾称朱里山，对岸为龙山街道青竹村。此渡距荷叶渡约 2 千米，渡祁水，始建年代失考，但旧时修筑的石阶式渡口码头至今幸存 30 级，当地老人证实此渡口码头曾立有功德碑 3 块。后来，功德碑被移作兴修水利石料，再难找寻。

2000 年，浯溪镇政府组织购铁船一艘，钢绳一根，拉绳过渡，一次可定渡 40 人；又修建水泥混凝土斜坡码头长 12 米，宽 5 米，供行人和小型机

朱里山渡口对岸

朱里山渡口

动车共渡，实行承包责任制供养渡口。2016年，株林山渡口纳入县交通局
渡改桥项目，建成预制板梁桥1座，是年末，此渡撤除。

朱里山渡口对岸

荷叶渡口

荷叶渡

　　此渡是境内祁水河上著名古渡，又名荷花红渡。新中国成立后，此地称为芳名亭乡荷花红村，荷叶渡改称荷花红渡。民国时，有石板路自县城甘泉门直通渡口，河两岸所建"望祁亭""济善亭"至今幸存痕迹。此渡始置年代不详，在明、清时，因祁阳境内的祁水河常发洪水，冲走渡船，此处曾建石梁桥，清光绪年间（1875—1908）遭水毁，乡贤唐幼寅、徐辅延倡修浮桥一座，民国三十三年（1944）毁于战火，复渡通行。民国三十六年（1947），

原渡口旧址

乡绅罗剑峰等重新倡修浮桥一座（数艘木船等距横列，上铺木板固定，供行人往来）。1958 年，浮桥船只被移作他用，留木船一艘，安置草绳一根，拉绳过渡。2000 年，浯溪镇人民政府修筑两岸斜坡码头，水泥混凝土斜坡长10 米，宽 5 米，改木船为铁船一艘，安排渡工一人，拉钢绳过渡。2016 年10 月，荷花红公路桥竣工，荷花红渡口撤销。

黄家渡

黄家渡位于今八宝镇黄市社区黄家渡老街白水河边，始建于明代，为当地乡民设船置渡，不取渡费。

黄家渡口一

黄家渡口二

田冲渡

田冲渡

位于肖家镇护民村，系白水河渡，由渡工收费摆渡。由当地村民承包经营，至今使用非机动船，以人力摆渡。

渡口对岸白水镇田冲（青峰村）

田冲渡

上联江渡

位于白水镇联江村，系白水河渡。此处在民国以前就已设渡，当地渡工收费摆渡，至今依然使用非机动船，由当地村民承包经营，以人力摆渡。

上联江渡

渡口对岸

上联江渡

白水渡口

位于白水镇沿江路 214 号房，渡白水河，是东南驿道的重要渡口，始建于清咸丰年间（1815—1861）。乡绅张特生捐募并设张族义渡会，多家捐资

白水渡口现码头

相助，置渡船 2 艘、渡产田约 3000 平方米、铺房 10 余间，出租生息供养渡口和维修两岸码头。中华人民共和国成立后随着陆路交通的改善而荒废。

白水渡口对岸老码头

白水渡口老码头

第十章
古桥梁

　　祁阳境内河溪交错,道路纵横,连通水陆的桥梁殊多,不少桥梁的名称用于地名,如大忠桥镇有"大忠桥",七里桥镇有"七里桥",横江桥村有"横江桥"等。境内各类桥梁的建筑材料,以石料居多。祁水流域桥梁多用青石砌筑,雄伟坚实。桥梁的形式有石拱桥、石墩石梁桥、石墩木梁桥、木便桥等。小桥流水,各具特色。1959 年,县内第一座公路桥即黎家坪沙滩桥建成,撤除衡桂公路祁阳境段上的第一处汽车渡口。1983 年,祁阳浯溪湘江大桥建成,结束了祁阳境内湘江无桥的历史。2004 年,祁阳县内新老桥梁共约 2000 余座。

第一节　县城诸桥

1. 步蟾桥

　　步蟾桥位于泮池西北角,今龙山路与甘泉路衔接地段,为明代钱中选修建。该桥为单孔石拱桥,跨径 2 米,长 3.5 米,高 2 米,桥面铺青石板,宽 3 米,两边有长条石栏杆。甘泉水离井成溪,过此桥下注入泮池。此处地势偏低,每遇洪水,屡被淹没。中华人民共和国成立后,拆除桥栏,加高桥

步蟾桥

面。1985 年后，随着龙山路的修建，步蟾桥得以改造。县城建部门施工人员在入水口一侧筑水泥混凝土墩台，架钢筋水泥梁以加固，留 1 米宽通水口，出水口临泮池，另筑石拱，跨径 4 米，桥面连同路基增高加宽，行车道加宽至 14 米，两边地板砖铺人行道各宽 4 米。

2. 潇湘桥

潇湘桥

潇湘桥位于潇湘门外，今下河街与新桥街连接地段，为明代陈志聪修建。后桥面遭水毁，又得多次修复，跨径 3.5 米，桥高 4 米，青石板桥面宽 4.6 米，桥长 10 米。桥面两侧置条石座栏，甘泉水经攀桂桥、通官桥、飞虹桥、潇湘桥注入祁水再汇入湘江。中华人民共和国成立后，此桥保存完好。20 世纪 70 年代，县运输公司在此桥南侧地段修建搬运装卸码头及货物堆场，往来机动车增多，桥栏被拆，并把桥（路面）加宽至 6 米，至今桥身完好。

渡香桥

3. 渡香桥

　　渡香桥在峿亭南麓，跨浯溪。溪水过此，即与湘水会合。"两岸幽篁古木，细蕊浓花，四时不绝，游者至此，裙屐俱染余香矣"，故名"渡香桥"。宋元祐年间（1086—1094），僧承亮迁建中官寺于溪南后始建。宋嘉定四年（1211）有永州通判臧辛伯题《渡香桥》诗刻石。明弘治三年（1490）黄俊重修渡香桥。清乾隆三十八年（1773）知县宋溶作《浯溪新志》胜景图，描绘渡香桥为单孔平板双面扶栏石拱桥。1936年国民政府修筑湘桂公路时，浯溪成了渡口，渡香桥成了平板公路桥，抗日战争时遭飞机轰炸。1983年湖南省拨经费复修渡香桥，为石砌双面扶栏单孔拱桥，桥身长5.2米，加引桥共15米。

整修后的渡香桥

第二节　祁水诸桥

1. 文明铺镇大福桥

大福桥位于文明铺镇东侧偏北 8 千米处大福桥村内，因境内有此古桥，给民众带来很多方便，故名。该古桥在祁水上游的河道边，与河东侧的双

大福桥

大福桥

江口隔河相望，初建于清朝中叶，是文明铺至白地市、衡阳的旱道必经之地。清嘉庆年间（1797—1820），双江口市与白地市并列驰名。清道光二十年（1840）建桥于此，取名大福桥。该桥为五拱青石桥，长85米，宽12米，西头与小街相连，东头为梯田田垄，下8级条石码头有青石板大道沿河而上，近800米处为双江口。文明铺鼎盛时期，大福桥也随之繁华，过往此地的食盐、土布、棉花、大米与其他货物的人力脚夫络绎不绝。尤其是收割稻谷以后，行人更多，引来在此地卖饭和住宿的店铺近二十家。1950年后铁路、公路兴修，此处便冷落下来。大福桥因年久失修，成为危桥。1996年在大福桥上游10米处新建钢筋水泥桥，仍名大福桥；原大福桥古桥作为历史文明的见证予以保存，供后人观赏。

鱼子桥

2. 文明铺镇鱼子桥

鱼子桥位于文明铺镇八甲湾村。明末清初该桥为杉树搭建，因有人在桥下煮饭，深夜失火，以至烧毁，因而取名"火烧桥"。

灾后重建为石拱桥，两孔，长7米。另有一种说法，称此处河道水清见鱼，每逢夏天，当地女子在此洗衣沐浴，男人不得靠近，故又名"女子桥"。后被讹传为"鱼子桥"。21世纪初，黎、文两镇修黎石路，在桥边6米处建公路桥，鱼子桥隧废弃不用。

鱼子桥

3. 文富市镇万寿桥

万寿桥坐落在文富市镇大屋村与黄泥山村交界处白茅滩河上，始建于明万历三十年（1602），距今已有四百多年历史。该桥是一座多孔石拱桥。桥体全部用料石建造，有6个桥墩，5个圆弧形大拱，桥长约70米，桥高约

万寿桥

6米，桥宽约6米。因遭受河水冲击、侵蚀，日久月深，桥体逐渐坍塌。20世纪80年代，为方便车辆和百姓出行，白茅滩乡人民政府在原有基础上对该桥做了一次改建。古老的万寿桥获得了新生，重新焕发出勃勃生机。

4. 文富市镇永乐桥

永乐桥又名岗口桥，坐落在文富市镇清太村境内祁水支流上，始建于20世纪20年代。该桥是多孔石拱桥，桥体用料石建造而成，有4个桥墩，3个石拱，桥长约50米。中华人民共和国成立后，在桥上架设了引水渡槽，后又在原址旁新建了一座石拱公路桥。

永乐桥

永乐桥

5. 黎家坪镇公路沙滩桥

沙滩桥故址位于黎家坪镇朝主山村，距今湘桂铁路桥下游约 120 米处。原桥始建于清康熙五十三年（1714），由听宗和尚倡首募建，为 5 孔石拱桥。清雍正七年（1729），乡贤伍钜捐资重修。清乾隆二十一年（1756），儒生朱

公路沙滩桥

衣又典售家产重修，并砌筑北岸桥头护坡。因祁水流域屡发山洪毁桥，至清嘉庆十二年（1807），生员朱衣等再次募修。仅三年，桥圮于洪水。又有当地乡贤继志募建，重修沙滩桥，长100米，宽5米，高9米，桥面防护石栏高0.7米。桥上建成廊亭，高3.3米，亭柱为四方形青料石，亭顶人字木架，上用青瓦盖面，第五空桥亭横梁上刻有"八卦图"，桥头建有砖木瓦房一间，其墙壁上绘有"老鼠嫁女"壁画，内设小商摊。据传当初桥发五拱时，聂老石匠施展一切本领，均不能"合龙"，后查证油铺院一村妇用纱代捐未记名上册，立马记名入册，五拱顺利合龙，老石匠为纪其事，取名"纱滩桥"，"纱"与"沙"同音，后写成沙滩桥。

民国二十五年（1936）衡桂公路建成通车，沙滩桥桥亭被拆，改成公路桥。民国三十三年（1944）日寇犯祁阳，沙滩桥毁于战火。抗战胜利后，沙滩河设汽车渡口。

1959年1月至11月，经衡阳专员公署批准，祁阳县人民委员会组织民工修建此处公路桥，仍定名"沙滩桥"。长100.4米，为四孔石拱桥，单孔跨径18.7米，桥面宽6.7米。

1997年1月至11月，在沙滩桥下游一侧新建公路桥梁，与原桥合为一体，使沙滩桥成为一座混凝土桥面、宽12米的桥梁。

6. 黎家坪镇铁路沙滩桥

铁路沙滩桥位于黎家坪镇朝主山村，为三墩四孔两台钢板桥，桥长144.95米，宽5.23米，始建于民国二十八年（1939），为湘桂铁路桥。日军

铁路沙滩桥

铁路沙滩桥

侵华和国民党军队溃退时，该桥两次被炸毁，只得启用上游便桥维持通车。1950年修复通车，便桥残墩留于河中。

7. 下马渡镇云苏桥

此桥位于下马渡镇汤家岭村，连接对岸长虹街道官益村。初名"长庆桥"，当地有人称其为"长滩江桥"。始建于清道光十七年（1837），由徐德

云苏桥

玉、唐虞巨、刘伯春、蒋拨堂、朱映离等募建。为五孔石拱桥，单孔跨径10.6米，长85米，桥面宽6.9米，用5组青石板铺成。桥面两侧置长条石坐栏，南岸桥头设上下石阶。清道光二十六年（1846），桥面遭洪水剥蚀，徐德玉之弟徐凌汉倡捐补修，民国二十八年（1939），有乡贤倡捐，于桥面建桥亭一间。

1979年，为修筑云（盘町）苏（油坪）公路，拆除桥头石阶和桥亭，另建一孔引桥，与长庆桥衔接，桥总长增加8米，桥长91.39米，桥宽7.2米。引桥石柱上嵌一石碑，碑刻"云苏桥"。1994年，祁水流域发洪水毁桥殊多，唯"云苏桥"安然无恙。

8. 下马渡镇枫林铺桥

枫林铺桥位于下马渡镇枫石铺村（原枫林铺村）湘桂古驿道上。修建于明嘉靖年间（1521—1567），由义民谭至文倾家资建造，将成，部分被水毁，得百户张应奎、曾仕杰各捐500金，方才大功告成。桥为五孔石拱桥，单孔跨径13米，桥长92米，桥面青石板铺设，宽6.2米。清道光二十五年

枫林铺桥

（1845）邑绅周绳武劝捐建 24 间通心桥亭。郡守赵儒题为"枫林永济"。有亭联曰："晚景自堪娱，落日余晖，凭增枫叶三分艳；时光无比好，生花妙笔，难写红林一色秋。"

民国二十四年（1935），第一拱变形。祁阳商务会长伍孝廉倡捐修复，过往行人欣然解囊。民国二十五年（1936）秋告竣。民国三十三年（1944），枫林桥第三拱和 4 间桥亭被日寇飞机炸毁，当时乡贤倡首，修复第三拱。1957 年，祁阳县人民政府重修 4 间桥亭并加固桥身。1958 年，修通祁阳至大桥湾简易公路，桥面石板遭汽车碾压而松动。1962

枫林铺桥（王昌华/摄）

年，桥面石板因久受重压而断裂。1975 年，县委决定，拆除桥亭，改建桥面，1977 年 6 月底完成。1994 年，特大洪水冲毁桥栏桥面，县交通局与下马渡区共同筹款修复。再建桥栏，加宽桥面。

9. 下马渡镇驷马桥

驷马桥位于下马渡镇扬名桥村（原扬名山村）下马渡桥址上游 7 米处。始建于清嘉庆十年（1805），由乡贤刘普、李从周、徐鸣锵等捐资募建，知

驷马桥

县罗守学命名并作《驷马桥碑记》，县教谕王榘作《驷马桥赞》。桥为五孔石拱桥，长98米，单孔跨径13.5米，桥面净宽6.7米，青石板铺面，两旁竖条石镇压，条石间装木栅栏。桥上立24间通心桥亭，亭柱合抱，蓝瓦叠盖，梁枋雕刻，斗拱彩绘。中心桥亭为楼亭，宝鼎矗立，绚丽夺目，飞檐翘角，玲珑奇巧。各翘角悬一小铜钟，迎风撞击，铿锵悠扬。桥亭有"扬鞭骄行挺立遥看谁驷马，名山拱秀停车坐爱是枫林"对联，扬名山村即取此对联首字而得。两端桥头设有茶亭，占地百余平方米，凳座齐备，宽敞明亮。茶亭两侧设有石门，通向四方大道。桥两端茶亭有桥联数副，摘录二副于后："万姓咸登，好似江流千派汇；芳名不朽，敢云殿撰一人劳""高标姓字丰碑在；永利行人惠泽长"。

1956年，对桥亭进行了防腐和加固处理。1958年秋，祁阳至下马渡公路建成，拆除西部桥头茶亭。1979年后，下马渡至睦关头，下马渡至梓山冲公路相继建成。拆除驷马桥全部桥亭和茶亭，并对桥面进行了改建。2013年该桥翻修，古代的驷马桥被改建成现代公路桥，原青石板桥面改为水泥碎石桥面。

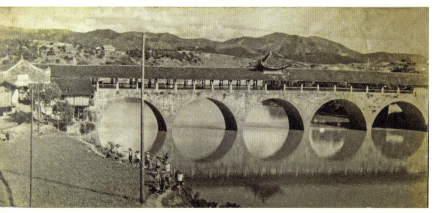

驷马桥（王昌华／摄）

10. 龙山街道东江桥

古东江桥俗名"新桥"，位于祁水入湘江口上游150米处。因祁水又名小东江，故称东江桥，始建于明嘉靖年间（1567—1572），百户张应奎、曾仕杰各捐五千两黄金建造，为五孔石拱桥，长124米，桥面宽5.5米，时郡守范之篪题坊"飞虹利涉"，过往行人称其为飞虹桥。明万历元年（1572），郡守王奉题坊"东江永济"。清道光二十四年（1844），吏员张大俊等劝捐，修建24间通心桥亭。民国十二年（1923）9月，米厂街失火（据传失火前三天，当地人见无数臭虫聚伏于桥拱下，成米筛大小一团），为防火势波及对岸民房，群众自发拆亭防火。次年，唐九连倡捐，重修桥亭，自此称为新桥，米厂街也改称新桥街。民国三十三年（1944），当局为切断侵华日军交通，派盟国飞机（美国空军）轰炸此桥，初毁一孔，搭板尚能过人，再次轰炸，俱毁塌。今河中尚存旧桥址遗迹。

东江桥

　　今东桥江位于古东江桥址上游 200 米处，为四孔石拱桥，长 100 米，单孔跨径 18.7 米，桥面宽 9.7 米，两侧行人道各宽 1 米。设计荷载 60 吨，洪水频率 50 年一遇。1959 年 11 月至 1960 年 10 月建成。1976 年，特大洪水冲毁桥面石栏 77 节，大水退后，县政府组织修复，原石砌桥栏没有复原，改用水泥预制桥栏。2018 年，县政府对东江桥进行加固扩宽维修。在东江桥北面再修一座桥，修成后，两桥合一，现桥专作出城的通道，新修的桥专作回城的通道。现正在紧张施工中。

东江桥原桥址

第三节　清江诸桥

　　清江是湘江二级支流，发源于祁东县大兴乡刘家岭村早曦岭东麓，从祁阳羊角塘镇石井村进入，在清江村汇合从平安铜银和城山流入的溪水，从清溪坪村流入祁东县归阳镇红光村后入湘江。全长 41 千米，流域总面积 282 平方千米，在祁阳县境内流长 18 千米，流域总面积 148 平方千米。因江水清澈而得名清江。

1. 羊角塘镇泉口村福寿桥

　　福寿桥位于泉口村公管组，建于清嘉庆年间（1797—1820），距今已有 200 多年的历史。纵观县内外，现在规模较大的石桥，几乎都是石拱桥，独该桥为三孔平板石桥。南北走向，桥墩由方石砌成。北孔桥面由两块长 3.2 米，宽 0.5 米，厚 0.5 米的条石拼搭而成；中孔桥面由一块长为 3.6 米，宽 1.2

福寿桥（石板桥）

米，厚0.5米的条石搭成；南孔由一块长3.2米，宽1米，厚0.5米的条石搭成。该桥为当时城山乡及祁东大旗、老虎岩群众出入羊角塘的必经之路。

福寿桥（石板桥）

2. 羊角塘镇江湾村一桥

江湾村一桥位于羊角塘镇江湾村（原清江村）村民小组街口处，跨祁东姊妹岭、石井流入的清江水之上，为三半圆拱联拱等跨石桥。桥面宽4.27

江湾村一桥

米，长 23.6 米，高 4.6 米，桥孔直径 7.3 米。该桥建于清道光元年（1821），为清江街人陈华封所建。陈少时家贫，经商后略有余资，因感"盛衰无常，穷通无定"，乃建此桥，以利行人。桥面原有六间通心桥亭，1959 年修公路时拆除，桥身仍存。原有修桥碑记，亦已铲平。20 世纪 60 年代以前，是羊角塘至祁东、衡阳必经的公路交通桥。20 世纪 60 年代中期，因行人车辆来往频繁，该桥不能满足交通现状，遂于 1967 年在其下游 120 米处新建一大型多拱石桥，此桥仅作两岸村民来往之用。

2014 年村里人在桥上修建了一座三间凉亭，供村民及行人歇息纳凉。

3. 羊角塘镇江湾村二桥

江湾村二桥

江湾村二桥与清江一桥在同一地点，相距仅百米，平安铜银溪水与城山流入的溪水在石湾汇合，流过清江二桥，然后在下游30米处流入清江。该桥始建于清道光年间（1821—1850），是一座三拱半圆联拱等跨石桥，长16.5米，宽3.9米，高4.62米，桥孔直径为5.5米。青石板铺面，两端有码头。

此桥亦为陈华封倡首所建，稍不同者，一桥为陈华封独资所建，此桥则是乡党居民各有捐银。20世纪60年代中期，因行人车辆来往频繁，桥面被车辆碾压而多处石板断裂，该桥不能满足交通现状，遂于1967年在其下游新建一大型多拱石桥，作为羊角塘连接祁东、衡阳的公路桥，而此桥加固后仅供两岸行人通过。

4. 羊角塘镇小陂桥村小陂桥

小陂桥

小陂桥位于羊角塘镇小陂桥村街口，为三拱半圆联拱等跨石桥，桥面长27.1米，宽4.7米，高5.1米，桥孔直径5米。

在桥亭靠小陂街的南口左侧，今存有一碑，《增修桥面栏石亭引》上面记载：该桥建于清乾隆三十七年（1772）。清嘉庆三年（1858），乡绅陈华封补盖桥面廊亭，竖立石柱石栏，增设五间桥亭。廊亭石柱上刻对联两副：

小陂桥

"山送青来，夹道不妨留小憩；水环绿映，一亭直欲镇哮流""道路仍长，到此何妨歇歇；前程甚远，从今只管行行"。石柱上还刻有保护桥栏的规约。

当年，陈华封还在桥头建有一惜字塔，今塔已毁。1978年，当地拆桥亭建小学，桥身至今犹坚。桥上6对石柱于2009年桥面重建护栏时拆除，桥面加宽到8米。原盐铺村陈建军曾引资16万元资助家乡修路架桥，日前，该村重修的小陂古桥已焕然一新。

5. 羊角塘镇清溪坪村桃子桥

桃子桥

桃子桥跨清江，位于羊角塘镇清溪坪村，始建于清乾隆四十一年（1776），为两孔石拱桥，后被洪水冲毁。村民利用桥会租息在原址重建三孔两墩两台的石墩木梁平板桥。1999年拆除木梁平板，在原石墩上加筑混凝土桥梁和路面，长30米，桥面宽4米，仍用原桥名。

桃子桥

第四节　白水诸桥

1. 大忠桥镇大忠社区大忠桥

大忠桥位于大忠桥镇的大忠社区，系一石拱桥，宽 2.87 米，长 4 米，旧名大冲桥。明亡，明检讨姚大复与其子兵部司马姚守郭过此，撞死桥头，殉节于此。

大忠桥

永兴桥

2. 大忠桥镇梅湾村永兴桥

永兴桥建于大忠桥镇梅湾村黄花河上，据桥头石碑记载，此桥是水秀书院创始人周志春的九房裔孙与周边百姓集资于清康熙十四年（1675）建成，桥名永兴桥。

永兴桥桥面宽 5.28 米，南北走向，南 7 阶，北 11 阶，南引桥 30 米，北无引桥。桥拱跨度 14.8 米，桥宽 6.8 米，是没有任何黏合物的一座半月形石拱桥。后改造为混凝土桥梁，预制板桥面。

永兴桥

肖家村老桥

3. 肖家镇肖家村老桥

　　肖家村老桥位于祁阳县肖家镇肖家村老街上。跨肖家村河（又名昌木套河），始建于民国十九年（1930），为石墩土木结构，五个主石墩和岸基块石护坡，异常坚固。每个石墩高6米，石墩底下至今有松树沉底。听前辈老人讲，当初清底时，全部是用松树围固，松树至今未烂，可谓建桥奇迹。桥墩之间用上好杉树拼架串联一起，连接两岸。当时肖家村老街是大江流域木排的停靠地，商贾云集，店铺、伙铺数不胜数，一片繁华。肖家村老桥作为连接清泉村、尹清村、上白田村、下白田村、肖家村的交通要道，起着重要的交通枢纽作用。随着年代更迭，老桥部分损坏，于1991年重新改建，拆掉了木制板，改用钢筋水泥搭梁，用预制水泥板拼接。桥面2米宽，不能通汽车。

肖家村老桥

第五节　县内其他水系桥梁

1. 观音滩镇和平村七拱桥

七拱桥，坐落于祁阳县观音滩镇和平村（原七拱桥村）中心地带。公元 220 年张飞驻扎零陵时，为了军马通行，修建了一座七个石拱的石拱桥。该桥长 42 米，宽 2.4 米，高 2.7 米，由青石条砖拉拱，泥沙铺面（为了战马通过桥面），当时取名为泥石桥。民国元年（1912）由当地富豪李维雨为首集资将石拱桥路面用青石条砖铺砌，因该桥由 7 个半圆拱组成，形似半圆月，故名七拱桥。

七拱桥左段

1962 年该桥所在地取名七拱桥村。此桥是该村的交通要道，左通白水镇，右通三口塘镇，随着经济发展，车辆、行人增多，原有路面已不适应通行所需。2001 年由谢氏家族捐资修桥，路面改造为钢筋混凝土结构，桥面加宽 0.6 米，达 3 米。该桥设计优美、结构精良，用材结实，是桥梁建筑中精美绝伦之作。

七拱桥右段

马诗滩桥

2. 黄泥塘镇九洲村马诗滩桥

马诗滩桥位于黄泥塘镇九洲村，原是九洲村、胜利村通往常宁市大堡乡的主要行人步行桥，始建于民国九年（1920），距今已近百年。桥面宽 2.5 米，长 15 米；全用长 1.5 米、宽 0.5 米、厚 0.4 米的青石托拱而成，至今保存完整。因交通发展，该桥现过往人员稀少，仅留作古迹观赏。

马诗滩桥

3. 梅溪镇双龙村大桥

大桥位于梅溪镇双龙村擒羊岭下。始建于清咸丰六年（1856），为独孔石拱桥，长 12 米，跨径 6.2 米，桥面宽 3.56 米，青石板铺筑。现改为水泥桥面，保存完好。

双龙村大桥

4. 七里桥镇龙门新村复兴桥

复兴桥

复兴桥

复兴桥又名蔡家桥，位于七里桥镇龙门新村（原三门滩村）石马塘院下，跨龙白江，建于清乾隆年间（1736—1796）。传为廖才龙捐资修建，桥为石墩台木梁平板桥，三墩四孔，长34米，搭板为圆木栓联而成，宽约0.8米。因搭板裸露剥蚀，墩距过大，行人通过，多为心惊胆战。1987年12月七里桥乡人民政府发动群众集资，改原木梁桥为水泥平板桥，仍为三墩四孔，长34米，宽2米，桥面两边置有0.85米高的护栏。桥头刻有对联一副："龙江碧水出三门，狮子架桥通八方。"立有功德碑1块。

5. 七里桥镇长寿亭村七里桥

七里桥位于县城东南3.5千米处，故名七里桥。该桥位于七里桥镇长寿亭村，离镇政府200米。现建制镇即取该桥名。原为石拱桥，是原祁阳县归阳经潘家埠到祁阳县城的必经之路桥。该石拱桥长6米，宽5.4米，原护栏上有"七里桥"三字。桥头有亭，亭柱上有对联两副。其一联曰："过客不

七里桥

妨聊歇息，劝君何必苦奔忙。"又："走正路一条，我岂甘心落后；问前程万里，谁能捷足登先。"现亭已不存，桥完好。现桥护栏因山洪已毁，因现在交通发达，该桥已由过去县内主路桥变为次路桥。

七里桥

6. 七里桥镇金竹山村百佳桥

百佳桥位于七里桥镇金竹山村，建于民国五年（1916）。在建此桥之前建有一桥，桥经百年后折断。因小溪源自太白，接龙口岭，百姓渡溪非常困

百佳桥

百佳桥

难，因而贡生邓有声等倡议捐资新建了此桥，方便行人。此桥只有1孔，虽经百年但保存完好。

7. 下马渡镇大桥湾村望熊桥

望熊桥又名大桥，古当东北路，历来为衡永驿道，位于熊罴岭山麓，古熊罴铺今下马渡镇大桥湾大兴街处，为独孔石拱桥。该桥置有桥亭，桥上有16根立柱，名"望熊亭"。桥跨熊罴岭流来溪水，两端各有石砌码头28级，连通小溪两边两板街。1975年，因修公路，拆除桥亭及桥拱，改建为3孔

望熊桥

石墩平板桥。1983 年，平板桥毁于山洪，当地乡、村筹资重建独孔石拱桥，祁阳县人民政府、祁阳县人武部先后给予资助改建。自此，原驿道廊桥改为今之公路桥。桥长 13.9 米，跨径 10 米，宽 5.5 米，水泥混凝土结构。两旁置水泥栏杆和石柱，并立《重修望熊桥碑记》。碑记中曰"此桥始建于清光绪二年（1876）前"，但清同治九年（1870）版的县志有记："大桥，县东官道二十五里。"据此推之，望熊桥应当建于清同治九年之前。

8. 黎家坪镇十里坪村泥南桥

泥南桥位于十里坪村八、九组地段，现有 200 多年历史，是一座古桥。原是零陵、祁阳、邵阳官马大道，设有桥亭，桥头两边都设有石狮，桥右侧还设有观音头像。

泥南桥

第十一章
古水井

水是人们的生命之源。水井自古至今都是一种公共饮水和自流灌溉设施。有水井之地，必是人类集中居住之所。水井是中国农耕文化的重要标志，祁阳县内共有古水井5000余口，其中出水量较大的泉井约有3000余口。中华人民共和国成立后，随着人们生活条件的改善，大部分人用上了自来水，但仍有一部分人留恋地下泉水的那一掬清凉和惬意。

1. 龙山街道甘泉井

甘泉井，位于龙山西麓，县城甘泉寺对面。俗称大井眼，因水色深靓、甘甜清澈而得名。先贤邹浩、南宋学者张栻，均有诗赞美之。该井原为石条砌成的方井。1989年因扩建大井路，将水井向外引出10余米，改用水泥卵石浇注的圆形井口，直径1米，出水量大于寿井，随汲随满，是泮池水源之一。水温冬暖夏凉，附近居民暑热季节常汲此

甘泉井

水解渴、洗澡，冷天常到此井提水洗衣。井前为广阔的荷塘。每当夏秋间，翠盖红蕖，掩映绿波，清香扑鼻，煞是迷人，有"甘泉荷雨"之美誉，是旧县城学宫八景之一。

甘泉井

2. 龙山街道寿井

寿井，位于县城龙山东麓之寿井路中段，原祁阳橡胶鞋厂门口左侧。井口系一完整的石灰石凿成，直径 0.71 米，外侧刻有"寿井"二字，无年代落款，但从井口一条条被吊桶绳索勒成的深沟以及它的命名来看，此井为古井。水质清澈，水味甘甜，水温冬暖夏凉，是附近居民暑热季节尤为喜好的天然矿泉水。

据传，寿井与甘泉井对称于龙山左右两侧，系两只龙眼，是祁阳县城

寿井

寿井

"风水"井。旧县城有七个城门，其中处在该井旁的一个城门叫迎恩门，而
当地老百姓习惯以"寿井"名之，叫寿井门。

3. 龙山街道东江古井

　　东江古井在龙山社区东江桥老桥下游约 50 米处。建于清朝，井分四眼，
用青石护砌，故又叫四眼井。从新桥街有一个约两米宽的码头直通井边，此
井为当时居民提供生活用水。中华人民共和国成立后，新桥街的居民全部用
上了自来水，可是仍有很多人前来饮水、洗菜、洗衣。2010 年以后，湘祁

东江古井

电站建成蓄水，湘江、祁水水位上升，水井常被淹没，只是在干旱时，水井才显露出来。

东江古井

4. 浯溪街道长流社区长流铺井

长流铺井一

长流铺井二

　　长流铺古井，有2井各3口分别位于长流社区四、五组，造型古朴，井水清冽，历史悠久（建造于清朝），现在还在为老百姓所用。水井呈四方形，每口边长约1.2米。水井分三口，一口饮用，一口洗菜，一口洗衣。现在，长流街道的村民大部分已经用上了自来水，但村民们仍习惯到井边用水。

　　从驿马门过河经过长流村的古驿道也从井边经过，现在这里还留下一段几百米长的石板驿道。

5. 观音滩镇云峰村三眼井

三眼井

433

观音滩镇云峰村三眼井，位于新屋院古院落前，金紫岭山脚下是相互连接的三口井，所以叫三眼井。不仅能供应八百余人的饮水，还可以对附近两百多亩水田提供灌溉。井水清冽、甘甜，远近闻名。

三眼井

6. 肖家镇泉山村八妙温泉

八妙温泉位于肖家镇泉山村（八妙村）的田垄中心。泉水面积约七亩，水从泉口中央涌出，涌量约 0.2 立方米/秒，可灌溉全垄五百多亩稻田。年

八妙温泉

均水温为 25℃，夏季为 33℃，冬季为 18℃。每年早稻育秧时节，附近农民利用此泉热源，浸种育秧，不致冻坏秧苗。20 世纪 80 年代这里建有渔场，专门饲养非洲鲫鱼。

7. 黄泥塘镇龙口冲村龙口老井

龙口老井有两处，一处 2 口，一处 3 口，三口古井坐落在黄泥塘镇龙口冲村陈氏大院正前方平坦的田垄中，于 1906 年 7 月由陈氏族人捐资出粮而建。它设主井一口，副井两口，主井之水饮用，副井承接主井溢出来的水，用于洗菜和洗衣。

龙口老井一

龙口老井的井壁全部采用蛋白颜色的麻点花岗岩护砌，每块石料长 0.3 米，宽 0.3 米，厚 0.03 米。水井呈正方形，深 3 米，宽 2.2 米。据村里的老人说，当初建这口水井时，请了四名石匠，两名砌匠，六名帮工，历经 40 余天才完工，共用石料 399 块。为什么要用 399 块石料？原来建井是有讲究的："3"寓意"生"，而水是生命之源；"99"寓意"久久"，意思是希望这口水井永不枯竭，永远润泽陈氏子孙。现龙口老井保存完好，水质优良，长流不竭。

龙口老井二

半边山仙泉

8. 黄泥塘镇板栗坪村半边山仙泉

半边山仙泉位于湘江祁山南岸约1千米的半边山崖上，属黄泥塘镇板栗坪村，山绿水清。泉水从山中石缝流出，清澈甘甜，久旱不枯，相传乃仙人所赐，长期饮用可强体祛病。仙泉建于明末，泉水流出保障了下游稻田所需用水。勤劳的先民在劳动耕作之余，饮一口泉水，顿振精神，心旷神怡。因世事变迁，原有山间小路不能满足人们取水行走需要。2016年，由村支两委牵头，社会贤达、有识之士捐款捐物，整修仙泉，新修直通仙泉的幸福路。

9. 羊角塘镇君子陡社区崇德井

羊角塘镇君子陡社区现敬老院右侧，有一亭，曰"崇德亭"，亭前有一井，曰"崇德井"，为方圆数里村民饮用名泉。主井为四边形，面积6平方米，出水量大，

崇德井

流经三个大池子，依次为饮水、洗菜、洗衣之用。民国三十六年（1947），当时富人王抱华遵照母亲黄崇德的意愿用他给母亲办七十寿庆的钱建崇德亭和崇德井。

崇德井

10. 羊角塘镇城南陡村潮水井

潮水井

潮水井

　　潮水井位于羊角塘镇城南陡村（原张阿塘村）。泉口面积 1.68 平方米，出水口宽 1.12 米，高 0.3 米。未涨潮时，泉水深 0.16 米，流量 0.15 立方米／秒；涨潮时，泉水深 0.26 米，最大流量 0.29 立方米／秒。涨潮退潮有明显的规律性：第一潮 6:16，22 分钟后退潮；第二潮 12:53，水量最大，流速最急；第三潮 16:10，流量如早潮；第四潮 19:30；第五潮 23:00 以后。迄今涨潮的规律已不如前，一天之内，三、四、五潮不定，甚至一天不涨一潮。现该地村民已在潮水井前砌有新井引自来水至家家户户。

11. 潘市镇八角岭村白泥井

　　白泥井位于潘市镇八角岭村八角岭上的白泥寺内，始建于唐朝，历史悠久，文化底蕴深厚。白泥井的井水为乳白色，相传是由于何仙姑手中粘粉后，用该井水洗手所致。

白泥井，长 2 米，宽 2 米，深 1.5 米，外观成正方形。白泥井远近闻名，在当地的村民生活用水上发挥了重要作用。井水冬暖夏凉，甘甜可口，一年四季从不断流，能够供应几百位香客的生活用水。

白泥井

12. 潘市镇柏家村古井

柏家村有古井两口，其中一口古井深 6 米左右，底下是石岩，用条石护砌而成。无论干涸多长时间，井水从不枯干，能供远近几个村落的村民饮

柏家村古井一

柏家村古井二

用，而且水质、口感极佳，发洪水时也不混浊。传说这口井水来源于 6 千米之外湘江岸的横塘。

13. 大村甸镇黄岗铺村豆腐井

豆腐井

豆腐井坐落在古时祁阳至宝庆的官道黄岗铺上，现名大村甸镇黄岗铺村。黄岗铺东面有山名"腾云岭"，有五峰，如五指，称"五指岭"。据说唐朝时，一峰顶上建有道观，名"云山观"（后来称"腾云岭"为"云山观"），有一炼气大师，在此观修炼得道，每夜半到县城买水豆腐，观中晨钟一响，大师必归。忽有一日，弟子故意提前半个时辰鸣钟，大师一急，跌落黄岗铺路旁，豆腐及钵化为一口水井，人称豆腐井。民国时期，大师坟冢尚见于路旁，现已平。

豆腐井

14. 大村甸镇烟竹桥村烟竹井

烟竹井坐落在大村甸镇烟竹桥村，建造特别精细别致，都用小砖拼砌而成，非常漂亮，水量大，水质好，水中有小鱼游弋。除当地人和丁家岭学校生活用水外，余水尚可灌溉稻田。

烟竹井

15. 文明铺镇街上古井

街上古井一

文明铺因地处"三阳"交界之地，地理位置十分独特。明隆庆年间（1567—1572），这里因建成文明市后，商贾云集，贸易发达，常住人口达一万二千余人，逢年过节则达五六万人。因而饮用水量急剧增加，原来大小十几口水井已不能满足需要，特别是遇上干旱年份，更加需要水。为解决这个难题，当时的地方官吏会同文明铺乡贤，在文明铺的六街九巷中人工开挖水井7口。这些水井直径约1.5米~2米，圆形，深约7米~10米。用方块石头护砌而成，异常坚固，并安装扶梯上下，以便淘井。这样，便缓解了饮用水不足的难题。每逢大旱年成，这些水井旁则是昼夜排队轮流取水的人群，构成一道独特的风景。

街上古井二

16. 其他古井选录

观音滩镇叶家井村叶家井

肖家镇牛岭村水井

白水镇幸福村水井

白水镇农民街水井

进宝塘镇枫梓塘村水井

潘市镇桐木村水井

七里桥镇龙口源村老龙泉井

七里桥镇龙门新村老三门寺水井

七里桥镇云腾村马颈坳水井

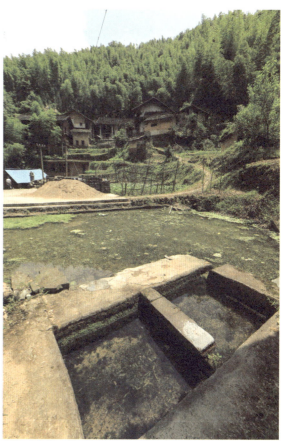

下马渡镇官塘湾村水井

大村甸镇五塘冲村美仙井

大村甸镇幸福村徐家院子畔塘水井

附录：
中华人民共和国成立后
祁阳建筑集锦

1. 住宅

20 世纪五六十年代住宅

肖家镇龙凼村

肖家镇龙凼村

凤凰乡白果市村（李君／摄）

凤凰乡红日山村

七里桥镇龙门新村

附录：中华人民共和国成立后祁阳建筑集锦

凤凰乡长吉村

凤凰乡长吉村

肖家镇牛岭村

金洞镇黄河村

附录：中华人民共和国成立后祁阳建筑集锦

七里桥镇曾家湾村

七里桥镇曾家湾村

八宝镇八宝社区（原金江村）居民点

20 世纪七八十年代住宅

龙山街道光明社区居民点

八宝镇四木塘村居民点

七里桥镇挂榜山村土砖房

七里桥镇挂榜山村夯土墙房

七里桥镇挂榜山村夯土墙房

肖家镇泉山村

七里桥镇云腾村

金洞镇黄河村

观音滩镇花山村

文富市镇清太村

七里桥镇丁庙湾村

七里桥镇丁庙湾村

附录：中华人民共和国成立后祁阳建筑集锦

七里桥镇丁庙湾村

20 世纪 90 年代住宅

七里桥镇湖塘湾社区

附录：中华人民共和国成立后祁阳建筑集锦

观音滩镇叶家井村

观音滩镇叶家井村

观音滩镇叶家井村

观音滩镇叶家井村

附录：中华人民共和国成立后祁阳建筑集锦

观音滩镇叶家井村

观音滩镇叶家井村

观音滩镇叶家井村

观音滩镇叶家井村

附录：中华人民共和国成立后祁阳建筑集锦

21 世纪住宅

下马渡镇东溪源村

大村甸镇黄岗铺村

七里桥丁庙湾村

黄泥塘镇石兰村

附录：中华人民共和国成立后祁阳建筑集锦

白水镇杨桥村

文富市镇大屋村

浯溪街道沿江路社区财政小区

龙山街道邵家岭社区丰润园小区

附录：中华人民共和国成立后祁阳建筑集锦

长虹街道平安街社区椒园一小区

龙山街道芦家甸社区交通小区（冯京春／摄）

长虹街道汀兰华府

附录：中华人民共和国成立后祁阳建筑集锦

长虹街道滨江豪庭

长虹街道滨江豪庭

2. 县城街道

祁阳大道

祁阳大道

附录：中华人民共和国成立后祁阳建筑集锦

祁阳大道（冯京春／摄）

祁阳大道唐家岭汽车站

477

浯溪路

20世纪90年代浯溪路（王昌华／摄）

浯溪路

附录：中华人民共和国成立后祁阳建筑集锦

人民路

20世纪90年代人民路
（王昌华 / 摄）

民生路

20世纪90年代民生路（王昌华／摄）

20世纪90年代民生路（王昌华／摄）

陶铸路

附录：中华人民共和国成立后祁阳建筑集锦

兴浯路

金盆路

附录：中华人民共和国成立后祁阳建筑集锦

盘龙路

椒山路

20世纪90年代椒山路（王昌华／摄）

附录：中华人民共和国成立后祁阳建筑集锦

沿江路

（廖江南／摄）

（蒋新民／摄）

平安街

（冯京春／摄）

附录：中华人民共和国成立后祁阳建筑集锦

新兴路

（赵扬名／摄）

（冯京春／摄）

灯塔路

3. 公路铁路

高速公路

泉南高速

国道

省道

附录：中华人民共和国成立后祁阳建筑集锦

城际公路

祁冷快线（冯京春／摄）

县道

乡道

八宝镇四木塘村人民电站引水渠公路

高速铁路

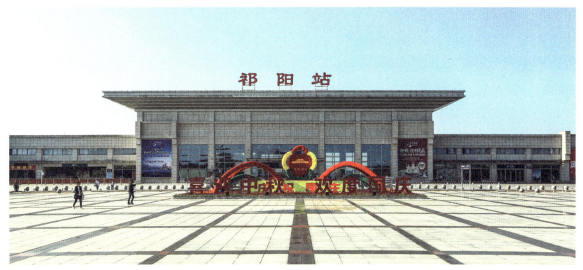

祁阳站

云盘町高架桥

附录：中华人民共和国成立后祁阳建筑集锦

4. 桥梁

泉（州）南（宁）高速公路白水特大桥

县城湘江一桥

县城湘江二桥

白水大桥

两江桥

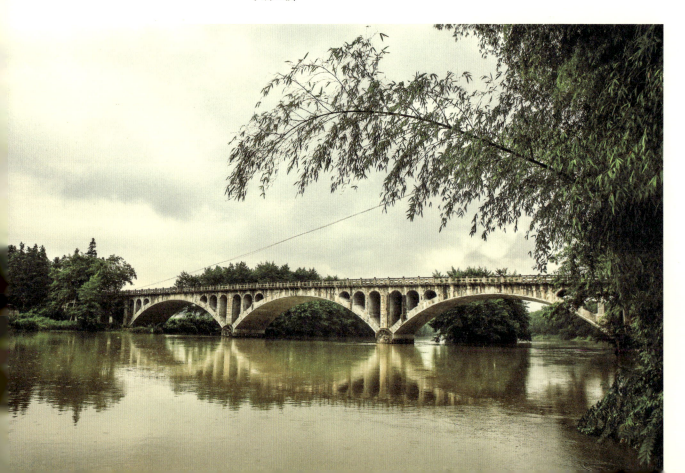

青竹桥

附录：中华人民共和国成立后祁阳建筑集锦

5. 县城典型建筑

县行政办公中心

陶铸广场

（赵扬名／摄）

西区建筑群

（蒋新民／摄）

（冯京春／摄）

（赵扬名／摄）

县城高架桥

附录：中华人民共和国成立后祁阳建筑集锦

祁阳经济开发区

（冯京春／摄）

POSTSCRIPT 后记

　　《祁阳古建筑》经过近一年时间的编纂，就要付梓了，我们终于放下心来。当初，县政协组建编辑部的时候，要求编辑部10个月内完成一本高质量的16开本500多页图文并茂的彩色图书的编辑任务。我们担心自己的能力，更担心书的编写质量！

　　没办法，既然接受了，就只有硬着头皮顶下去。时间不够，编辑部的同志就早出晚归，早七点下乡晚九点回县；还是做不赢，就加班，4个月双休日取消了；中秋节、国庆节，照样加班；白天在单位写，晚上回家查资料。大家付出了艰辛劳动，赢得了时间；虽多了几根白发，但有了沉甸甸的收获。编辑部通过走访、查阅资料，形成文字初稿30多万字，拍摄、搜集照片8000多张，成书最后采用文字20多万字，照片1200多张，基本上做到了图文并茂。我们收集的古建筑资料原则上以1949年前为限，但为了体现我县中华人民共和国成立以来的建设成就，以期形成对照，特加编了附录，对中华人民共和国成立以来县内的各年代建筑作了简要记载。

　　祁阳古建筑是祁阳人民宝贵的物质遗产和精神财富。它形成于历史，服务于历代，留情于千秋。祁阳是具有丰富文化底蕴的历史大县，在长期的生产生活中，留下了大量的能体现劳动人民勤劳智慧的古代建筑，体现了各个历史时期湘南建筑的特色，具有很好的审美价值和研究价值。因社会发展对古建筑的改换，岁月对古建筑的冲刷以及自然灾害对古建筑的毁坏，祁阳县的古建筑已经越来越少。如再不对古建筑资料进行挖掘整理，随着时间的推移，将留下永久的遗憾。这次县政协组织编纂这部《祁阳古建筑》，就是为了很好地抓住机遇，留住历史的根，留住民族的魂，留住历史的余温。

我们能圆满完成编辑任务，主要乘了五股东风。一是县委、县政府开明睿智，高度重视对我县古文化的收集、整理和利用。对县政协提出的议题及时研究，资金到位，一路绿灯。二是县政协领导全力支持。主席郑增啟，副主席陈振文、于建春、文英雄，秘书长张松柏等领导多次参加会议，定盘子，拿方案，想办法。三是县内外有关部门的积极配合。在编辑过程中，得到了祁阳师范、县住建局、县文体广新局、县教育局、县水利局、县交通局、县史志办、县民宗局、县文物局、县村镇规划建设管理办公室等单位的帮助，为我们提供了宝贵的资料。县委原副书记黄承先、县文物局贺国华为该书的编辑提出很好的建议；县史志办主任张平同志还亲临编辑部，对编写工作提出了很好的意见，并对稿件进行审读。各乡镇、街道（含金洞管理区代管乡镇）的领导不仅克服古建筑年代久远、资料缺失的困难，将资料按时搜集报送，还陪着我们爬高山、踏泥泞、串古屋、寻古道。相关村（居）干部竭力支持，积极配合，为资料搜集解决了很多困难。四是人民群众热情参与。很多热心的村民更让我们感动不已。大忠桥镇沙井村邓世栋、邓典科、邓克华、邓世如、邓中光、邓保国六位老人，一大早坐车来到编辑部，向我们详细介绍邓氏宗祠的情况。当我们得知他们还没吃早饭要留下他们吃顿便饭时，却被婉言谢绝了。在肖家镇仙泉村，热心的村民王立禹等放下手中的农活，为我们寻找到了被泥土深埋的一块矮子碑，为编写充实了原始资料。许多村民义务为我们带路，提供工具，招待茶水，使我们深受感动。五是编辑部同志们的共同努力。为了取得第一手资料，编辑部的同志走遍了全县所有乡镇、街道（含金洞管理区代管乡镇），有的乡镇、街道去了四五次。他们晴天一身汗，雨天两脚泥，走村串户，翻山越岭。六、七、八月是全年气温最高的时候，编辑部的同志冒着酷暑为了搜集资料和拍摄照片不辞辛劳。"天下名山僧占多"，全县30多个庵堂寺庙，很多建在高山之上，爬一座寺庙往往要花上大半天时间，虽汗流浃背，仍兴致盎然。有些古建筑已成危房，拍照片时要一人拍摄，其他人观望，生怕建筑物突然倒塌或掉砖掉瓦，发生意外。有些古建筑年久失修，上面布满小树青藤，编辑部的同志还要找来刀子，亲自爬上去清理。不仅流汗，还会流血，甚至还有危险随时发生……

在此，对所有提供帮助的单位和个人表示衷心感谢！

祁东县已于1952年析出，故本书对祁东有关内容不再涉及。

因时间仓促，专职编辑人员太少，加之编者水平有限，很多珍贵的古建筑可能没有收集上来，造成遗珠之憾。本书在编写中主要参考图书《祁阳文史第十五辑——祁阳县文化志》《祁阳县志》等，有些资料来不及仔细核对，恐有失实之虞，敬请方家、读者不吝赐教！

编辑部

2019年12月